beck'sche reihe

W0251345

bsr

Wenn einem die Argumente ausgehen, sollte man zur Beleidigung greifen – empfiehlt Arthur Schopenhauer, denn: „Eine Grobheit besiegt jedes Argument“. Das Buch enthält eine Kurztheorie und eine ausführliche Praxis der Sticheleien, Bosheiten und verbalen Breitseiten, die Schopenhauer mit kategorischer Impertinenz gegen alle möglichen Adressaten richtet: Philosophen, Schriftsteller, Frauen, gesellschaftliche Einrichtungen, das Menschengeschlecht, das Leben – kurzum: gegen die ganze Welt. Doch wie man sich erfolgreich zur Wehr setzt, verrät er auch.

Franco Volpi, ehemaliger Humboldt-Stipendiat, ist Professor für Philosophie an der Universität Padua. Bei C.H.Beck hat er von Arthur Schopenhauer „Die Kunst, glücklich zu sein, dargestellt in 50 Lebensregeln“ (bsr 1369) und „Die Kunst, mit Frauen umzugehen“ (bsr 1545) herausgegeben.

Arthur Schopenhauer

Die Kunst zu beleidigen

oder kleines Brevier
sprachlicher Grobheiten

Herausgegeben von
Franco Volpi

Verlag C.H.Beck

1. Auflage. 2002
2. Auflage. 2003

3. Auflage. 2004
(Limitierte Sonderausgabe)

Gesamtherstellung: Druckerei C. H. Beck, Nördlingen
Umschlagabbildung: Jussi Steudle, +malsy, Bremen
Umschlagentwurf: +malsy, Bremen
Printed in Germany
ISBN 3 406 51125 2

www.beck.de

Franco Volpi

Beleidigungen – von A bis Z

1. Die Beleidigung als letztes Mittel

Die Kunst zu beleidigen ist die ideale Ergänzung zum Handbüchlein *Die Kunst, Recht zu behalten*, dem Repertorium von achtunddreißig Kunstgriffen, das Schopenhauer zum Selbstgebrauch zusammengestellt hatte, jedoch nicht veröffentlichte.[1] Am Schluß seiner goldenen Sammlung von Schlichen und Tricks, die dazu verhelfen sollen, Streitgespräche und Auseinandersetzungen erfolgreich zu führen, d.h. den Gegner unabhängig von der Wahrheit zu schlagen, erklärt Schopenhauer die Grenzen jeder Argumentationstechnik und somit die Unentbehrlichkeit einer weiteren, äußersten Waffe: Begegnet man einem klügeren und geschickteren Gegner, dann helfen keine dialektischen Kunstgriffe, keine Verschlagenheit in der Rede mehr. Auf der diskursiven Ebene der Argumentation werden wir unvermeidlich geschlagen werden. Das bedeutet jedoch noch nicht, daß die Partie schon verloren ist. Es bleibt als *extrema ratio* – so legt Schopenhauer mit einem unverfrorenen Tip nahe – ein letzter, niederträchtiger Kunstgriff, der achtunddreißigste in seinem Katalog, der folgendes einschärft:

„Wenn man merkt, daß der Gegner überlegen ist und man Unrecht behalten wird, so werde man persönlich, beleidigend, grob. Das Persönlichwerden besteht darin, daß man von dem Gegenstand des Streitens (weil man da verlornes Spiel hat) abgeht auf den Streitenden und seine Person irgend wie angreift: man könnte es nennen *argumentum ad personam*, zum Unterschied vom *argumentum ad hominem*: dieses geht vom rein objektiven Gegenstand ab, um sich an das zu halten, was der

Gegner darüber gesagt oder zugegeben hat. Beim Persönlichwerden aber verläßt man den Gegenstand ganz, und richtet seinen Angriff auf die Person des Gegners: man wird also kränkend, hämisch, beleidigend, grob. Es ist eine Appellation von den Kräften des Geistes an die des Leibes, oder an die Tierheit".[2]

Schopenhauer fügt weiter hinzu: „Diese Regel ist sehr beliebt, weil jeder zur Ausführung tauglich ist, und wird daher häufig angewandt".[3] Was man wohl schon in der Antike wußte: „Wie sollte nicht auch den Sophisten das Mittel bekannt gewesen sein, durch welches Jeder sich Jedem gleich setzen und selbst die größte intellektuelle Ungleichheit augenblicklich ausgleichen kann: es ist die Beleidigung. Zu dieser führt daher die niedrige Natur eine sogar instinktive Aufforderung, sobald die geistige Überlegenheit zu spüren anfängt".[4]

Also: Beschimpfen, Beleidigen, Schmähen, Kränken und Verleumden wird – wie alltägliche Erfahrung zur Genüge lehrt – der unvermeidliche Ausgang vieler Diskussionen und Dispute sein. Mit leicht vorauszusehenden Folgen: „Es fragt sich, welche Gegenregel hierbei für den andern Teil gilt. Denn will er dieselbe gebrauchen, so wirds eine Prügelei oder ein Duell oder ein Injurienprozeß".[5]

Schopenhauer sieht besorgt auf diese mögliche Eskalation und möchte den Streitenden von solchen Auswüchsen lieber abraten. Das Beste und Klügste sei es, mit allen Mitteln zu vermeiden, sich zu einer solchen problematischen Steigerung treiben zu lassen. Zu diesem Zweck schärft er uns einige praktische Ratschläge ein:

1. Man kann auch mit Nonchalance die Schimpfworte und Beleidigungen des Gegners ignorieren und so tun, als ob nichts weiter wäre. Aus einer ganzen Reihe klassischer Beispielfälle und Anekdoten, die Schopenhauer heranzieht, geht deutlich hervor, daß weise Menschen sich selbst angesichts gröbster Beleidigungen und Beschimpfungen nicht haben aus der Reserve locken lassen und Gelassenheit wahrten.[6]

2. Noch klüger ist der Ratschlag, den Aristoteles in den *Sophistischen Widerlegungen* erteilt: Man soll tunlichst vermeiden, sich auf Streitgespräche mit dem Erstbesten oder mit jemandem einzulassen, der ins Blaue hineinredet wie die Sophisten. Kurz und gut: Man soll die Gesprächspartner, mit denen man sich ernsthaft unterhalten will, sorgfältig und behutsam auswählen.

Aller gebotenen Vorsicht zum Trotz sind Beschimpfungen und Beleidigungen ein Genre, in das wir uns oft – wie jeder aus persönlicher Erfahrung wohl nur allzu gut weiß – verwickeln lassen, selbst wenn wir dies gerade vermeiden möchten. In manchen Lebenssituationen scheint es einfach unmöglich, sich zurückzuziehen oder neutral zu bleiben, denn – so Schopenhauer – wer beleidigt wird, verliert seine Ehre, sei der Urheber der Beleidigung auch „der nichtswürdigste Lump, das stupideste Vieh, ein Tagedieb, Spieler, Schuldenmacher".[7] Also: „Eine Grobheit besiegt jedes Argument und eklipsiert allen Geist", und „Wahrheit, Kenntnis, Verstand, Geist, Witz müssen einpacken und sind aus dem Felde geschlagen von der göttlichen Grobheit".[8]

Das beteuert Schopenhauer auch in seiner *Skizze einer Abhandlung über die Ehre*: „Die *Grobheit* ist eine Eigenschaft, die im Punkte der Ehre jede andre ersetzt und überwiegt. Zeigt etwa in einer Diskussion oder sonst im Gespräch ein Andrer richtigere Sachkenntnis, strengere Wahrheitsliebe, gesünderes Urteil als wir oder sonst eine geistige Überlegenheit, die uns in Schatten stellt, so können wir diese und jede andre Überlegenheit und unsre eigene dadurch aufgedeckte Dürftigkeit sogleich aufheben und nun umgekehrt selbst überlegen sein, indem wir grob werden".[9]

Es kommt also vor allem darauf an, daß uns solche Eventualitäten nicht unvorbereitet überfallen.

2. *Die Schule der Impertinenz*

Obwohl nun Schmähungen, Beschimpfungen und Beleidigungen aller Art mit unerschöpflicher Spontaneität aus dem menschlichen Geist emporquellen, zumal wenn er sich provoziert fühlt, so fällt uns doch nicht immer gleich im Augenblick des Bedarfs das passende Schimpfwort oder die treffende Beleidigung ein. Und wie das Fechten oder jede andere Angriffs- und Verteidigungstechnik, so verlangt auch das Beleidigen und Beschimpfen, um wirksam zu sein und seinen Zweck effizient zu erfüllen, gelernt und weiter geübt zu werden. Und selbst wenn Schimpfen und Beleidigen in der Regel das Zeichen von einem groben und cholerischen Temperament sind, setzen sie doch auch eine gewisse Raffinesse voraus: Will man den Gegner nämlich mit einem genau passenden, klug ausgedachten und treffend formulierten Schmähwort verletzen, so braucht man hierzu eine eigene Kunstfertigkeit, die gebildet und geschult werden muß.

Doch welche? Und wo und bei wem kann man sie erlernen?

Schopenhauer leistet hier Hilfe. Der Danziger Philosoph scheint das Genre der Verspottung, Beschimpfung und Beleidigung mit einer gewisser Vorliebe praktiziert zu haben, und wiewohl er selbst keine ausdrückliche *Kunst zu beleidigen* verfaßt hat, so läßt sich doch aufgrund verschiedener Indizien annehmen, daß er nahe daran war. Der Katalog von Beschimpfungen, Schmähungen, Injurien und Beleidigungen an alle möglichen Adressaten, die wir aus seinen Werken und seinem Nachlaß aufgelesen und unter dem Titel *Die Kunst zu beleidigen* zusammengestellt haben, ist der Beleg hiervon.

3. *Grundbedenken*

Der Wahrheit zuliebe muß man einräumen, daß der Danziger Philosoph eine solche Kunst allerdings mit Widerwillen betrachtet hätte. Schon die immerhin gut brauchbaren Stratagemata seiner *Kunst, Recht zu behalten* schienen ihm letztlich nichts anderes als niederträchtige und unehrliche Schliche und Kniffe zu sein, derer sich der Mensch in seiner Boshaftigkeit bedient, um andere zu besiegen. So wurde er ihrer schließlich überdrüssig und gab sie nicht mehr zum Druck.[10]

Ein ähnliches Grundbedenken hätte Schopenhauer erst recht gegenüber der *Kunst zu beleidigen*. Schimpfen und Schmähen ist ein gemeines, vulgäres, pöbelhaftes Mittel, und auf der aristokratischen Höhe seiner philosophischen Intelligenz haßte er es, sich auf eine derart niedrige Ebene herabzubegeben. Die Gründe seiner Ablehnung ergeben sich schon aus der klaren, triftigen Wesensbestimmung des Gegenstands: „Die Injurie, das bloße Schimpfen, ist eine summarische Verleumdung, ohne Angabe der Gründe: Dies ließe sich griechisch gut ausdrücken: *ésti he loidoría diabolè sýntomos*" [Die Beschimpfung ist eine abgekürzte Verleumdung]. [...] Freilich legt der, welcher schimpft, dadurch an den Tag, daß er nichts Wirkliches und Wahres gegen den andern vorzubringen hat; da er sonst dieses als die Prämissen geben und die Konklusion getrost den Hörern überlassen würde; statt dessen er die Konklusion gibt und die Prämissen schuldig bleibt: Allein er verläßt sich auf die Präsumption, daß dies nur beliebter Kürze halber geschehe".[11]

Das Beleidigen bringt außerdem – wie bereits erwähnt – die Gefahr einer folgenschweren Eskalation mit sich, von der Schopenhauer dringend abrät, denn „die Injurien machen es wie die Kirchenprozessionen, welche stets dahin zurückkehren, von wo sie ausgegangen sind".[12]

Trotzdem beschreibt er mit einem kaum verhehlten Vergnügen diese Steigerung: „Wenn [der Beleidigende] grob gewesen ist, sei man noch viel gröber: Geht dies mit Schimpfen nicht weiter an, so schlägt man drein und zwar ist auch hier eine Klimax der Ehrenrettung: Ohrfeigen werden durch Stockschläge kuriert, diese durch Hetzpeitschenhiebe: Selbst gegen letztere wird von einigen das Anspucken als probat empfohlen.

Nur wenn man mit diesen Mitteln nicht mehr zur Zeit kommt, muß durchaus zu blutigen Operationen geschritten werden".[13]

Freilich wird all dies strengstens verurteilt. Schopenhauer ist sich dessen sicher: „Jede Grobheit ist eigentlich eine Appellation an die Tierheit, indem sie den Kampf der geistigen Kräfte oder des moralischen Rechts und dessen Entscheidung mittelst Gründe für inkompetent erklärt und an seine Stelle den Kampf der physischen Kräfte setzt".[14] Sich auf diese Ebene herabzulassen bedeutet letztlich, auf das Recht des Stärkeren zurückzufallen.

4. Schopenhauer als Meister in der Kunst des Schimpfens und Beleidigens

Schon aus diesem Grund müßte der Gedanke, eine *Kunst zu beleidigen* nach Regeln und Methode zu verfassen, Schopenhauer eigentlich fernliegen. Es waren jedoch bei ihm die besten Voraussetzungen hierfür gegeben. In seinen Schriften – zunehmend seit der Abhandlung *Über den Willen in der Natur* von 1836 – scheut er nicht vor polemischer Schärfe zurück, äußert sich gerne mit bissigem Sarkasmus und kränkendem Spott, benutzt vorbehaltlos Schimpfworte und Schmähausdrücke, adressiert an alle möglichen Subjekte Beleidigungen und Injurien, wettert und flucht gegen alles nur Mögliche. Man kann ihn daher ohne weiteres zu den Großmeistern der populären Kunst der Beleidigung rechnen.

Es ließen sich denn auch weitläufige Nachforschungen über die biographischen Hintergründe solch einer kategorischen Impertinenz anstellen. Bekannt ist etwa sein sanguinisches, kantiges und leicht erzürnbares Temperament, sein pessimistischer und misanthropischer Charakter,[15] was schon in der Familie ständig Probleme erzeugte, unangenehme Vorfälle herbeiführte und zur Hauptursache des peinlichen Zerwürfnisses mit der Mutter wurde – wie der Familienbriefwechsel erbarmungslos bezeugt. Johanna scheint den Nagel auf den Kopf zu treffen, wenn sie dem Sohn schreibt: „Du müßtest doch wohl in Deiner Beurteilung im Ganzen etwas vorsichtiger werden, dies ist die erste Lektion, die die Dich umgebende Welt Dir gibt, sie ist hart, aber wenn Du Dich nicht änderst, wird es noch härter kommen, Du wirst vielleicht sehr unglücklich werden. [...] Alle Deine guten Eigenschaften werden durch Deine Superklugkeit verdunkelt und für die Welt unbrauchbar gemacht, bloß weil Du die Wut, alles besser wissen zu wollen, überall Fehler zu finden außer in Dir selbst, überall bessern und meistern zu wollen, nicht beherrschen kannst. [...] Wärest Du weniger als Du bist, so wärest Du lächerlich, so aber bist Du höchst ärgerlich [...] Du bringst die Menschen gegen Dich auf ohne Not".[16] Und weiter in einem ihrer letzten Briefe vor der Trennung: „Du hast Dir das Schimpfen nur zu sehr angewöhnt. [...] Du scheinst mir zu absprechend, zu verachtend gegen die, die nicht sind wie Du".[17] Daher auch die bitteren Worte zur Trennung: „Ich bin es müde, länger Dein Betragen zu erdulden [...]. Du hast Dich von mir losgerissen, Dein Mißtrauen, Dein Tadeln meines Lebens, der Wahl meiner Freunde, Dein wegwerfendes Benehmen gegen mich, Deine Verachtung gegen mein Geschlecht, Dein deutlich ausgesprochener Widerwille, zu meiner Freude beizutragen, Deine Habsucht, Deine Launen, denen du ohne Achtung gegen mich in meiner Gegenwart freien Lauf ließest, dies und noch vieles mehr, das Dich mir durchaus bösartig erscheinen läßt, dies trennt uns".[18]

Beeinträchtigt durch seine misanthropische, sarkastisch-pessimistische, jähzornige Charakteranlage wurde nicht nur das Familienleben, sondern ebenso sein gesellschaftlicher und beruflicher Verkehr und überhaupt sein Verhältnis zu Mitmenschen und Zeitgenossen. Zahlreiche anekdotisch gewordene Vorfälle, die dies bezeugen, haben seinen Biographen ein lustiges und buntes Erzählmaterial geliefert.[19] Es beginnt schon am Gothaer Gymnasium, als der geniale Schüler auf den Professor Christian Ferdinand Schulze ein Spottgedicht verfaßt, das ihm verübelt wird und zu seiner Entlassung aus der Bildungsanstalt führt.[20] Auch an der Universität kann der begabte Nachwuchsdenker manchen Professoren nur mit Ungeduld und Unwillen zuhören, allen voran Fichte, dessen *Wissenschaftslehre* er zur *Wissenschaftsleere* umtauft. Seine scharfe Zunge ist kaum zu bremsen – selbst angesichts Hegels, des Starphilosophen seiner Zeit, mit dem er sich beim Habilitationsverfahren demonstrativ auseinandersetzt. Diese schroffe Kontraposition kostet Schopenhauer schließlich die Universitätslaufbahn. Die freilich ungerechte, wohl aber selbstverschuldete Verbannung aus der Universität macht ihn nur noch ärgerlicher und unversöhnlich gegenüber den Katheder- und Berufsphilosophen aller Richtungen, die er im Pamphlet *Über die Universitätsphilosophie* als „Afterphilosophen" geißelt.

Unter den zahlreichen Anlässen, die ihn zu einer eingehenden, persönlichen Beschäftigung mit dem Problem der Beleidigung zwangen, ist noch der Injurienprozeß erwähnenswert, den seine Wohnungsnachbarin, eine Näherin namens Caroline Marquet, gegen ihn veranlaßte. Sie hatte ihn durch ihr Plaudern mit Freundinnen im Vorraum zur Wohnung gestört, während er in seine Denktätigkeit vertieft war – oder wie andere böswillige Berichterstatter mutmaßen, während er sich dem diskreten Besuch seiner Geliebten Caroline Medon widmete. Offenbar wurde Schopenhauer handgreiflich, die siebenundvierzigjährige Nachbarin fiel die Treppe hinunter und verletzte sich dabei. Nach einem langwierigen Gerichtsverfahren, das sich über fünf Jahre lang hinschleppte, wurde Schopenhauer wegen einer „Realinjurie" dazu verurteilt, ihr lebenslang eine Entschädigung zu zahlen.

Kein Wunder also, daß er sich für das Problem der Beleidigung und Injurie auch vom juristischen Standpunkt aus interessierte, und selbst Fachliteratur dazu las, etwa Marquard Frehers *Tractatus de existimatione adquirenda, conservanda et omittenda, sub quo et de gloria et infamia* [Abhandlung darüber, wie man sich einen guten Ruf erwirbt, ihn sich erhält und verscherzt, sowie über Ehre und Schande] (Basel 1591) oder Adolph Dietrich Webers dreiteilige Untersuchung *Über Injurien und Schmähschriften* (Schwerin-Wismar 1798–1800, wiederaufgelegt 1811 und 1829), auf die er in seiner *Skizze einer Abhandlung über die Ehre* verweist.[21]

Mit zunehmendem Alter steigerte sich die Unduldsamkeit Schopenhauers gegenüber all dem, was ihm in der Welt verkehrt zu sein schien. Er nahm kein Blatt mehr vor den Mund, und ohne Scheu vor Grobianismus griff er des öfteren zum allerletzten Kunstgriff, zur treffsicheren Waffe des Beschimpfens und Beleidigens. Besonders gegenüber Hegel und anderen zeitgenössischen Denkern quoll ihm die Empörung aus allen Poren: Er verlor keine Zeit mehr mit Dialektik und sachlicher Argumentation, sondern machte sogleich Gebrauch von seinem im Laufe der Jahre angelegten explosiven Arsenal von Verspottungen, Strafreden, Schimpfworten, Beleidigungen, Fluchausdrücken, Verdammungsurteilen – und was Mutter Natur seinem feurigen Temperament sonst noch alles an verbalen Waffen nahelegte. „Philosophaster", „Scharlatane", „Dummköpfe", „Windbeutel" gehören noch zu den gelindesten Ausdrücken, mit denen er seine Konkurrenten titulierte und die wir insbesondere in den Schriften seiner letzten Jahre finden können: in *Die beiden Grundprobleme der Ethik* (1841), der Vorrede zur zweiten Auflage der *Welt als Wille und Vorstellung* (1844), in der stark erweiterten zweiten Auflage seiner Dissertation *Über die vierfache Wurzel des Satzes vom zureichenden Grunde* (1847), im Pamphlet *Über die Universitätsphilosophie* innerhalb der *Parerga und Paralipomena* (1851), in der Neuauflage der Abhandlung *Über den Willen in der Natur* (1854) und schließlich in der Vorrede zur zweiten Auflage der *Beiden Grundprobleme der Ethik* (1860).

In diesem – nur wenige Monate vor dem Tod niedergeschriebenen – Text übertrifft Schopenhauer sich selbst und liefert ein letztes Meisterstück seiner Schlagfertigkeit im Beschimpfen und Beleidigen. Er greift keinen Geringeren an als die Königliche Dänische Akademie der Wissenschaften, die nicht nur seine Schrift nicht preisgekrönt, sondern zudem seinen Erzfeind Hegel als *summus philosophus* gepriesen hatte. Ja, seine Tiraden gegen Hegel und die deutschen Idealisten werden in der zum Wettbewerb vorgelegten Abhandlung *Über die Grundlage der Moral* dermaßen scharf, daß die Dänische Akademie in der offiziellen Begründung ihres ablehnenden Urteils Schopenhauers Grobheit ausdrücklich tadelte: Die Schrift habe nicht nur die gestellte Preisfrage nicht behandelt, sondern darüber hinaus „mehrere hervorragende Philosophen der Neuzeit so unziemlich erwähnt, daß es gerechten und schweren Anstoß erregt“ (*plures recentioris aetatis summos philosophos tam indecenter commemorari, ut justum et gravem offensionem habeat*).[22] Darauf schlug Schopenhauer mit einer schier unverfrorenen Frechheit zurück, nämlich durch einen doppelten Gegenhieb, der in zwei Sätzen aus seiner eigenen Feder zusammengefaßt werden kann:

1. „Ich habe unwidersprechlich nachgewiesen, daß die Königlich Dänische Sozietät das wirklich gefragt hat, was sie gefragt zu haben leugnet, hingegen das, was sie gefragt zu haben behauptet, *nicht* gefragt hat, ja, nicht einmal hat fragen können“.[23]
2. Wenn der Zweck der Akademien wäre, die Wahrheit möglichst zu unterdrücken, Geist und Talent nach Kräften zu ersticken und den Ruhm der Windbeutel und Scharlatane tapfer aufrecht zu erhalten, so hätte dies Mal unsere Dänische Akademie demselben vortrefflich entsprochen“.[24]

Allerdings: in der Befürchtung, seine Kraftausdrücke könnten ihn ein Strafverfahren wegen Beleidung kosten, bat er am 26. Juli 1860 seinen Freund Johann August Becker, Kreisrichter in Mainz, seine Vorrede zur zweiten Auflage der *Ethik* dahin zu prüfen, ob er wegen der darin der Dänischen Akademie erteilten „wohlverdienten Ohrfeigen und Nasenstüber“ vom juristischen Standpunkt aus etwas riskiere.[25] Becker versicherte dem Philosophen, er habe *juridice* kaum etwas zu befürchten, und so konnte die *Ethik* mit dem „stark gesalzenen und gepfefferten Prologus“ einen Tag nach dem Tod Schopenhauers erscheinen – gleichsam als wäre sein letztes Wort eben ein Schimpfwort.

Stoff genug, um sich ermächtigt zu fühlen, ein Florilegium der Beschimpfungen und Beleidigungen zu sammeln, die Schopenhauer in seinen veröffentlichten und unveröffentlichten Schriften an die verschiedensten Adressaten richtet: an Kollegen, Philosophen, Schriftsteller, Literarkritiker und Rezensenten, Frauen, Sex, Liebe, Ehe, gesellschaftliche Einrichtungen, Mode, Nationalcharaktere, Tierquälerei, das Menschengeschlecht, das Leben, die Geschichte – kurzum: an die ganze Welt.

Die entstandene Sentenzenauslese bietet ein reichhaltiges Arsenal von verbalen Ausfällen gegen die verschiedensten Zielscheiben. Es handelt sich dabei genauer um:

1. Beleidigungen im eigentlichen Sinne gegen Personen, etwa gegen die Deutschen Idealisten oder andere zeitgenössische Philosophen;
2. Beschimpfungen, mit denen Schopenhauer gegen alle möglichen Gegenstände und Phänomene wettert, die ihm verkehrt und kritikwürdig zu sein scheinen, angefangen mit der „Professorenphilosophie der Philosophieprofessoren“ über das Erbschaftsrecht oder unnötigen Lärm bis hin zur Vivisektion.
3. Urteile, Äußerungen und Bewertungen, die Schopenhauer allen Ernstes als feste Wahrheiten begreift und präsentiert, die sich aber für uns wie bloße Verdammungen und Abfertigungen ausnehmen, zum Beispiel so ziemlich all das, was er über das weibliche Geschlecht zu sagen hat;
4. schließlich Sätze, die zum Wesen der eigenen Schopenhauerschen Philosophie gehören, die allerdings aus unserer Perspektive eher als Schmähreden oder Strafpredigten aufgefaßt werden müssen. Zum Beispiel: Erscheint es dem gesunden Menschenverstand denn nicht als eine Verspottung der Welt, wenn Schopenhauer zu Anfang seines Hauptwerks lapidar behauptet, die Welt sei nur „meine Vorstellung“? Ist nicht auch seine weitere bekannte These, das Leben pendle hin

und her zwischen Schmerz und Langeweile, ebenfalls eine Beschimpfung des Wunders des Daseins?

Beim Leser werden seine grantigen Sprüche wohl verschiedene Reaktionen hervorrufen: heitere, wie im Falle der Auslassungen gegen den Bart, den Lärm oder das Peitschenklatschen, bis hin zu ernsten, wenn Tierquälerei und Vivisektion die Gegenstände sind.

Eines aber ist gewiß: Die zusammengestellten Sentenzen werden sich dem Leser mit der schlagenden Kraft des konkreten Beispiels einprägen, das klar vor Augen zu halten ist, um es dann nachzuahmen, sobald das Leben die richtige Gelegenheit hierzu bietet. Man kann also sagen, daß uns Schopenhauer die Kunst zu beleidigen in der Weise beibringt, wie man in den Schulen der Antike die Moral lehrte: Nicht nach dem *modus docens*, d.h. durch abstrakte Theorie, sondern nach dem *modus utens*, d.h. durch Vorbild und konkrete Praxis.

Es läßt sich freilich einwenden, wir hätten mit diesem Vademecum von Bosheiten dem großen Philosophen den Auftrag allererst aufoktroyiert, uns eine solche derbe und grobe Lehre beizubringen. Dies darf uns jedoch nicht allzu sehr beunruhigen. Schon Aristoteles betrachtete die Entrüstung als eine Tugend, und zwar als das rechte Mittelmaß zwischen der Gleichgültigkeit und dem Jähzorn – etwa gegenüber einer erlittenen Kränkung (*Nikomachische Ethik*, IV, 11): und was drückt denn Entrüstung besser aus als ein gutes Schimpfwort oder eine treffende Beleidigung?

Sogar ein feinfühliger Geist wie Jorge Luis Borges hat in seiner *Geschichte der Ewigkeit* die Vorzüge der Kunst zu beleidigen erläutert – in der Hoffnung, daß jemand früher oder später eine solche schreiben werde.

Das vorliegende Schopenhauer-Büchlein möchte dieses Desideratum erfüllen.

Benutzte Ausgaben

Sämtliche Werke, hg. von Paul Deussen, 13 Bde., Piper, München 1911–1942.

Sämtliche Werke, hg. von Arthur Hübscher, 7 Bde., 3. Aufl., Brockhaus, Wiesbaden 1972; 4., von Angelika Hübscher durchgesehene Aufl., Brockhaus, Mannheim 1988.

Werke in fünf Bänden, hg. von Ludger Lütkehaus, Haffmans, Zürich 1988.

Der handschriftliche Nachlaß, hg. von Arthur Hübscher, 5 Bde., Kramer, Frankfurt a.M. 1966–1975; Nachdruck: Deutscher Taschenbuch Verlag, München 1985.

Gesammelte Briefe, hg. von Arthur Hübscher, Bouvier, Bonn 1978, 2. Aufl. 1987.

Ein Lebensbild in Briefen, hg. von Angelika Hübscher, Insel, Frankfurt a.M. 1987.

Philosophie in Briefen, hg. von Angelika Hübscher und Michael Fleiter, Insel, Frankfurt a.M. 1989.

Die Schopenhauers. Der Familien-Briefwechsel von Adele, Arthur, Heinrich Floris und Johanna Schopenhauer, hg. von Ludger Lütkehaus, Haffmans, Zürich 1991.

Das Buch als Wille und Vorstellung. Arthur Schopenhauers Briefwechsel mit Friedrich Arnold Brockhaus, hg. von Ludger Lütkehaus, Beck, München 1996.

Die Reisetagebücher, mit einem Nachwort von Ludger Lütkehaus, Haffmans, Zürich 1988.

Gespräche, hg. von Arthur Hübscher, Frommann-Holzboog, Stuttgart-Bad Cannstatt, 1971.

Die Kunst, Recht zu behalten, hg. von Franco Volpi, Insel, Frankfurt a.M. 1995.

Die Kunst, glücklich zu sein, hg. von Franco Volpi, Beck, München 1999.

A

Abkürzungen

Das *studium brevitatis* geht so weit, daß sie dem Teufel den Schwanz abschneiden und statt Mephistopheles schreiben Mephisto.

Abschaffung des Lateins

Die Abschaffung des Lateinischen als allgemeiner Gelehrtensprache und die dagegen eingeführte Kleinbürgerei der Nationalliteraturen ist für die Wissenschaften in Europa ein wahres Unglück.

Abschaffung der Todesstrafe

Denen, welche sie aufheben möchten, ist zu antworten: „Schafft erst den Mord aus der Welt: dann soll die Todesstrafe nachfolgen".

Alltagsköpfe, von denen die Welt vollgepfropft ist

Was den leidigen Alltagsköpfen, von denen die Welt vollgepfropft ist, eigentlich abgeht, sind zwei nahe verwandte Fähigkeiten, nämlich die, zu urteilen, und die, eigene Gedanken zu haben.

Ein anonymer Rezensent ist ein Kerl, der das, was er über andere und ihre Arbeit der Welt berichtet und respektive verschweigt, *nicht vertreten will* und daher sich nicht nennt.

Einen anonymen Rezensenten hat man von vornherein anzusehen als einen Gauner, der darauf ausgeht, uns zu betrügen. Im Gefühl hiervon unterschreiben sich, in allen *honetten* Literaturzeitungen, die Rezensenten mit ihrem Namen.

Bei Angriffen ist Herr Anonymus ohne weiteres Herr Schuft.

Vor allen Dingen daher müßte jenes Schild aller literarischen Schurkerei, die *Anonymität*, wegfallen. In Literaturzeitungen hat zu ihrer Einführung der Vorwand gedient, daß sie den redlichen Rezensenten, den Warner des Publikums, schützen sollte gegen den Groll des Autors und seiner Gönner. Allein, gegen einen Fall dieser Art werden hundert sein, wo sie bloß dient, den, der was er sagt nicht vertreten kann, aller Verantwortlichkeit zu entziehn, oder wohl gar, die Schande dessen zu verhüllen, der feil und niederträchtig genug ist, für ein Trinkgeld des Verlegers ein schlechtes Buch dem Publikum anzupreisen. Oft auch dient sie bloß, die Obskurität, Unbedeutsamkeit und Inkompetenz der Urteilenden zu bedecken. Es ist unglaublich, welche Frechheit sich der Bursche bemächtigt, und vor welchen literarischen Gaunereien sie nicht zurückbeben, wenn sie unter dem Schatten der Anonymität sich sicher wissen. – Wie es Universalmedizinen gibt, so ist folgendes eine *Universal-Antikritik* gegen alle anonymen Rezensionen; gleichviel, ob sie das Schlechte gelobt, oder das Gute getadelt haben: „Halunke, nenne dich! Denn vermummt und verkappt Leute anfallen, die mit offenem Angesicht einhergehn, das tut kein ehrlicher Mann: das tun Buben und Schufte." – Also: „Halunke, *nenne dich*!" [...] Würde man es leiden, wenn ein maskierter Mensch das Volk harangieren, oder sonst vor einer Versammlung reden wollte? Und gar wenn er dabei andere angriffe und mit Tadel überschüttete? Würden nicht alsbald seine Schritte zur Tür hinaus von fremden Fußtritten beflügelt werden?

Wer anonym schreibt und polemisiert, hat *eo ipso* die Präsumption gegen sich, daß er das Publikum betrügen, oder ungefährdet anderer Ehre antasten will. Daher sollte jede, selbst die ganz beiläufige und außerdem nicht tadelnde Erwähnung eines anonymen Rezensenten nur mittelst Epitheta, wie „der feige anonyme Lump da und da", oder „der verkappte anonyme Schuft in jener Zeitschrift" und so fort geschehen. Dies ist wirklich der anständige und passende Ton, von solchen Gesellen zu reden, damit ihnen das Handwerk verleidet werde.

Eine besonders lächerliche Impertinenz solcher anonymer Kritiker ist, daß sie, wie die Könige, per *Wir* sprechen; während sie nicht nur im Singular, sondern im Diminutiv, ja, im Humilitiv reden sollten, z.B. „meine erbärmliche Wenigkeit, meine feige Verschmitztheit, meine verkappte Inkompetenz, meine geringe Lumpazität" u.s.w. So geziemt es sich, verkappten Gaunern, diesen aus dem finstern Loch eines „literarischen Winkelblatts" herauszischenden Blindschleichen, zu reden, welchen das Handwerk endlich gelegt werden muß.

Ich meines Teils würde eben so gern einer Spielbank, oder einem Bordell vorstehn, als so einer anonymen Rezensentenhöhle.

Astrologie

Einen großartigen Beweis von der erbärmlichen *Subjektivität* der Menschen, in Folge welcher sie alles auf sich beziehn und von jedem Gedanken sogleich in gerader Linie auf sich zurückgehn, liefert die *Astrologie*, welche den Gang der großen

Weltkörper auf das armselige Ich bezieht, wie auch die Kometen am Himmel in Verbindung bringt mit den irdischen Händeln und Lumpereien.

Austern und Champagner

Der Philister, ein Mensch ohne geistige Bedürfnisse, [...] bleibt ohne geistige Genüsse. [...] Kein Drang nach Erkenntnis und Einsicht, um ihrer selbst Willen, belebt sein Dasein, auch keiner nach eigentlich ästhetischen Genüssen, als welcher dem ersteren durchaus verwandt ist. Was dennoch von Genüssen solcher Art etwa Mode, oder Autorität, ihm aufdringt, wird er als eine Art Zwangsarbeit möglichst kurz abtun. Wirkliche Genüsse für ihn sind allein die sinnlichen: durch diese hält er sich schadlos. Demnach sind Austern und Champagner der Höhepunkt seines Daseins.

Auswendiglernen

Schon die Kinder haben meistens den unseligen Hang, statt die Sache verstehn zu wollen, sich mit den Worten zu begnügen und diese auswendig zu lernen, um sich vorkommenden Falls damit herauszuhelfen. Dieser Hang bleibt nachher und macht, daß das Wissen vieler Gelehrten ein bloßer Wortkram ist.

B

Baader

Es gibt mancherlei Philosophen, abstrakte und konkrete, theoretische und praktische: dieser Baader ist ein unausstehlicher.

Der Bart

Der *Bart* sollte, als halbe Maske, polizeilich verboten sein. Zudem ist er, als Geschlechtsabzeichen mitten im Gesicht, *obszön*: daher gefällt er den Weibern.

Der Bart, sagt man, sei dem Menschen natürlich: allerdings, und darum ist er dem Menschen im Naturzustande ganz angemessen; eben so aber dem Menschen im zivilisierten Zustande die Rasur, indem sie anzeigt, daß hier die tierische, rohe Gewalt, deren jedem sogleich fühlbares Abzeichen jener dem männlichen Geschlecht eigentümliche Auswuchs ist, dem Gesetz, der Ordnung und Gesittung hat weichen müssen. – Der Bart vergrößert den tierischen Teil des Gesichts und hebt ihn hervor: dadurch gibt er ihm das so auffallend brutale Ansehn: man betrachte nur so einen Bartmenschen, im Profil, während er ißt! Für eine *Zierde* möchten sie den Bart ausgeben. Diese Zierde war man seit zweihundert Jahren nur an Juden, Kosaken, Kapuzinern, Gefangenen und Straßenräubern zu sehn gewohnt. Die Ferozität und Atrozität, welche der Bart der Physiognomie verleiht, beruht darauf, daß eine respektiv *leblose* Masse die Hälfte des Gesichts einnimmt, und zwar die das Moralische ausdrückende Hälfte. Zudem ist alles Behaartsein tierisch.

Seht nur um euch! Sogar als äußerliches Symptom der überhand nehmenden Roheit erblickt ihr den konstanten Begleiter derselben, – den langen Bart, dieses Geschlechtsabzeichen, mitten im Gesicht, welches besagt, daß man die Maskulinität, die man mit den Tieren gemein hat, der *Humanität* vorzieht, indem man vor allem ein *Mann*, *mas*, und erst nächstdem ein *Mensch* sein will. Das Abscheren der Bärte, in allen hochgebildeten Zeitaltern und Ländern, ist aus dem richtigen Gefühl des Gegenteils entstanden, vermöge dessen man vor allem ein *Mensch*, gewissermaßen ein Mensch *in abstracto*, mit Hintansetzung des tierischen Geschlechtsunterschiedes, sein möchte. Hingegen hat die Bartlänge stets mit der Barbarei, an die schon ihr Name erinnert, gleichen Schritt gehalten.

Befriedigung und Genuß

Das *Positive*, das sich durch sich selbst kund Gebende ist der Schmerz: Befriedigung und Genüsse sind das *Negative*, die bloße Aufhebung jenes erstern.

Bibliotheken

Wie die Schichten der Erde die lebenden Wesen vergangener Epochen reihenweise aufbewahren, so bewahren die Bretter der Bibliotheken reihenweise die vergangenen Irrtümer und deren Darlegungen, welche, wie jene ersteren, zu ihrer Zeit sehr lebendig waren und viel Lärm machten, jetzt aber starr und versteinert dastehn, wo nur noch der literarische Paläontologe sie betrachtet.

Bildungsanstalten

Wenn man die vielen und mannigfaltigen Anstalten zum Lehren und Lernen und das so große Gedränge von Schülern und Meistern sieht, könnte man glauben, daß es dem Menschengeschlechte gar sehr um Einsicht und Wahrheit zu tun sei. Aber auch hier trügt der Schein. Jene lehren, um Geld zu verdienen, und streben nicht nach Weisheit, sondern nach dem Schein und Kredit derselben: und diese lernen nicht, um Kenntnis und Einsicht zu erlangen, sondern um schwätzen zu können und sich ein Ansehn zu geben.

Bücher

Xerxes hat, nach Herodot, beim Anblick seines unübersehbaren Heeres geweint, indem er bedachte, daß von diesen allen, nach hundert Jahren, keiner am Leben sein würde: wer möchte da nicht weinen, beim Anblick des dicken Meßkatalogs, wenn er bedenkt, daß von allen diesen Büchern, schon nach zehn Jahren, keines mehr am Leben sein wird.

Bücheranschaffung

Es wäre gut Bücher zu kaufen, wenn man die Zeit, sie zu lesen, mitkaufen könnte, aber man verwechselt meistens den Ankauf der Bücher mit dem Aneignen ihres Inhalts.

C

Die Cartesianer und das Bewußtsein der Tiere

Wenn ein Cartesianer sich zwischen den Klauen eines Tigers befände, würde er auf das deutlichste inne werden, welchen scharfen Unterschied ein solcher zwischen seinem Ich und Nicht-Ich setzt.

Chemiker, die philosophieren möchten

Solchen Herren vom Tiegel und der Retorte muß beigebracht werden, daß bloße Chemie wohl zum Apotheker, aber nicht zum Philosophen befähigt.

Die Chinesen

Die Chinesen können allein von einer monarchischen Regierung sich einen Begriff machen: was eine Republik sei, verstehn sie gar nicht. Als im Jahre 1658 eine holländische Gesandtschaft in China war, sah diese sich genötigt, den Prinzen von Oranien als ihren König darzustellen; weil sonst die Chinesen geneigt gewesen wären, Holland für ein Nest von Seeräubern zu halten, die ohne Oberherrn lebten.

Das Christentum und sein Umgang mit Tieren

Ein anderer [...] nicht weg zu erklärender und seine heillosen Folgen täglich manifestierender Grundfehler des Christentums ist, daß es widernatürlicherweise den Menschen losgerissen hat von der *Tierwelt*, welcher er doch wesentlich angehört, und ihn nun ganz allein gelten lassen will, die Tiere geradezu als *Sachen* betrachtend [...]. Der besagte Grundfehler nun aber ist eine Folge der Schöpfung aus nichts, nach welcher der Schöpfer, Kap. 1 und 9 der *Genesis*, sämtliche Tiere, ganz wie Sachen und ohne alle Empfehlung zu guter Behandlung, wie sie doch meistens selbst ein Hundeverkäufer, wenn er sich von seinem Zöglinge trennt, hinzufügt, dem Menschen übergibt, damit er über die *herrsche*, also mit ihnen tue, was ihm beliebt; worauf er ihn, im zweiten Kapitel, noch dazu zum ersten Professor der Zoologie bestellt, durch den Auftrag, ihnen Namen zu geben, die sie fortan führen sollen; welches eben wieder nur ein Symbol ihrer gänzlichen Abhängigkeit von ihm, d.h. ihrer Rechtlosigkeit ist. – Heilige Ganga! Mutter unsers Geschlechts!

Eine Bekanntmachung des so höchst preiswürdigen Münchener Vereins zum Schutz der Tiere, datiert vom 27. November 1852, bemüht sich in bester Absicht, „die Schonung der Tierwelt predigende Verordnungen" aus der Bibel beizubringen und führt an: *Sprüche Salomonis* 12, 10; *Sirach* 7, 24; *Psalm* 147, 9; 104, 14; *Hiob* 39, 41; *Matth.* 10, 29. Allein dies ist nur eine *pia fraus* [frommer Betrug], darauf berechnet, daß man die Stellen nicht aufschlagen werde: bloß die erste, sehr bekannte Stelle sagt etwas dahin Gehöriges, wiewohl Schwaches: die übrigen reden zwar von Tieren, aber nicht von Schonung derselben. Und was sagt jene Stelle? „Der Gerechte erbarmt sich seines Viehes". – „Erbarmt!" – Welch ein Ausdruck! Man erbarmt sich eines Sünders, eines Mißtäters; nicht aber eines unschuldigen, treuen Tieres, welches oft der Ernährer seines Herrn ist und nichts davon hat als spärliches Futter. „Erbarmt!" Nicht Erbarmen, sondern Gerechtigkeit ist man dem Tiere schuldig.

D

Die „Dame“

Das Weib im Okzident, namentlich was man die „Dame“ nennt, befindet sich in einer *fausse position*: denn das Weib, von den Alten mit Recht *sexus sequior* [das geringere Geschlecht] genannt, ist keineswegs geeignet, der Gegenstand unserer Ehrfurcht und Veneration zu sein, den Kopf höher zu tragen als der Mann, und mit ihm gleiche Rechte zu haben. Die Folgen dieser *fausse position* sehn wir genügsam. Es wäre sonach sehr wünschenswert, daß auch in Europa dieser Nr. 2 des menschlichen Geschlechts ihre naturgemäße Stelle wieder angewiesen und dem Damenunwesen, über welches nicht nur ganz Asien lacht, sondern Griechenland und Rom ebenso gelacht hätte, ein Ziel gesetzt würde: wovon die Folgen, in gesellschaftlicher, bürgerlicher und politischer Hinsicht, unberechenbar wohltätig sein würden. [...] Die eigentliche europäische „Dame“ ist ein Wesen, welches gar nicht existieren sollte; sondern Hausfrauen sollte es geben und Mädchen, die es zu werden hoffen, und daher nicht zur Arroganz, sondern zur Häuslichkeit und Unterwürfigkeit erzogen werden.

Die Dänische Akademie und ihr Zweck

Wenn der Zweck der Akademien wäre, die Wahrheit möglichst zu unterdrücken, Geist und Talent nach Kräften zu ersticken und den Ruhm der Windbeutel und Scharlatane tapfer aufrecht zu erhalten, so hätte dies Mal unsere Dänische Akademie demselben vortrefflich entsprochen.

Die Dänische Akademie und ihre Widersprüche

Ich habe unwidersprechlich nachgewiesen, daß die Königlich Dänische Sozietät das wirklich gefragt hat, was sie gefragt zu haben leugnet, hingegen das, was sie gefragt zu haben behauptet, *nicht* gefragt hat, ja, nicht einmal hat fragen können.

Dantes Inferno

Das ganze *Inferno* des Dante ist recht eigentlich eine *Apotheose der Grausamkeit*, und im vorletzten Gesange wird noch die Ehr- und Gewissenlosigkeit dazu verherrlicht.

Unser Dasein

Nichts anderm sieht unser Dasein so völlig ähnlich, wie der Folge eines Fehltritts und seines strafbaren Gelüstens.

L'existence est une épisode du néant [Das Dasein ist eine Episode des Nichts].

Demagogen der Jetztzeit

Überall und zu allen Zeiten hat es viel Unzufriedenheit mit den Regierungen, Gesetzen und öffentlichen Einrichtungen gegeben; großenteils aber nur, weil man stets bereit ist, diesen das Elend zur Last zu legen, welches dem menschlichen Dasein selbst unzertrennlich anhängt, indem es, mythisch zu reden, der Fluch ist, den Adam empfing, und mit ihm sein ganzes Geschlecht. Jedoch nie ist jene falsche Vorspiegelung auf lügenhaftere und frechere Weise gemacht worden, als von den Demagogen der „Jetztzeit". Diese nämlich sind, als Feinde des

Christentums, Optimisten: Die Welt ist ihnen „Selbstzweck“ und daher an sich selbst, d.h. ihrer natürlichen Beschaffenheit nach, ganz vortrefflich eingerichtet, ein rechter Wohnplatz der Glückseligkeit. Die nun hiergegen schreienden, kolossalen Übel der Welt schreiben sie gänzlich den Regierungen zu: Täten nämlich nur diese ihre Schuldigkeit, so würde der Himmel auf Erden existieren, d.h. alle würden ohne Mühe und Not vollauf fressen, saufen, sich propagieren und krepieren können: denn dies ist die Paraphrase ihres „Selbstzwecks“ und das Ziel des „unendlichen Fortschritts der Menschheit“, den sie in pomphaften Phrasen unermüdlich verkündigen.

Die Deutschen – ein metaphysisches Volk

Ein wesentlicher Fehler der Deutschen ist es, daß sie in den Wolken das suchen, was direkt vor ihrer Nase liegt. Wenn man ihnen gegenüber das Wort *Idee* erwähnt, welches für einen Franzosen oder Engländer einen klaren und deutlichen Sinn hat, so schwingen sich ihre Gedanken in luftige Höhen hinauf.

Die Deutschen – ein Volk der Schwerfälligkeit

Der wahre Nationalcharakter der Deutschen ist die *Schwerfälligkeit*: sie leuchtet hervor aus ihrem Gange, ihrem Tun und Treiben, ihrer Sprache, ihrem Reden, Erzählen, Verstehn und Denken, ganz besonders aber aus ihrem *Stil* im Schreiben, aus dem Vergnügen, welches sie an langen, schwerfälligen, verstrickten Perioden haben, bei welchen das Gedächtnis ganz allein, fünf Minuten lang, geduldig die ihm aufgelegte Lektion lernt, bis zuletzt, am Schluß der Periode, der Verstand zum Schluß kommt und die Rätsel gelöst werden. Darin gefallen sie sich, und wenn nun noch Preziosität und Bombast und affektierte *semnótes* [Feierlichkeit] anzubringen sind, so schwelgt der Autor darin: Aber der Himmel gebe dem Leser Geduld.

Die Deutsche Nation und die Scham, ihr anzugehören

Ich lege hier für den Fall meines Todes das Bekenntnis ab, daß ich die deutsche Nation wegen ihrer überschwenglichen Dummheit verachte, und mich schäme, ihr anzugehören.

Deutsche Idealisten

Zu den Nachteilen, welche die Universitätsphilosophie der wirklichen und ernstlich gemeinten gebracht hat, gehört ganz besonders das Verdrängtwerden der Kantischen Philosophie durch die Windbeuteleien der drei ausposaunten Sophisten: nämlich erst Fichte und dann Schelling, die beide doch nicht ohne Talent waren, endlich aber gar der plumpe und ekelhafte Scharlatan Hegel, dieser perniziöse Mensch, der einer ganzen Generation die Köpfe völlig desorganisiert und verdorben hat.

Deutsche Metaphysik

Wenn man in England etwas als sehr dunkel, ja, ganz unverständlich bezeichnen will, man sagt: „It is like German metaphysics".

Drucker und Setzer

Die Gesundheitspolizei sollte, im Interesse der Augen, darüber wachen, daß die Kleinheit des Drucks ein festgestelltes Minimum habe, welches nicht überschritten werden dürfte.

E

Egalitarismus

Der Verstand ist keine extensive, sondern eine intensive Größe: daher kann hierin einer getrost gegen Zehntausend aufnehmen und gibt eine Versammlung von tausend Dummköpfen noch keinen gescheiten Mann.

Aristokratisch ist die Natur, aristokratischer als irgend ein Feudal- und Kastenwesen. Demgemäß läuft ihre Pyramide von einer sehr breiten Basis in einen ganz spitzen Gipfel aus. Und wenn es dem Pöbel und Gesindel, welches nichts über sich dulden will, auch gelänge, alle andern Aristokratien umzustoßen, so müßte es diese doch bestehn lassen, – und soll keinen Dank dafür haben: Denn die ist so ganz eigentlich „von Gottes Gnaden".

Die Ehe

Das weibliche Geschlecht verlangt und erwartet vom männlichen alles, nämlich alles, was es wünscht und braucht: Das männliche verlangt vom weiblichen zunächst und unmittelbar nur Eines. Daher mußte die Einrichtung getroffen werden, daß das männliche Geschlecht vom weiblichen jenes Eine nur erlangen kann gegen Übernahme der Sorge für alles und zudem für die aus der Verbindung entspringenden Kinder: Auf dieser Einrichtung beruht die Wohlfahrt des ganzen weiblichen Geschlechts.

Bei der Ehe ist es nicht auf geistreiche Unterhaltung, sondern auf die Erzeugung der Kinder abgesehen: Sie ist ein Bund der

Herzen, nicht der Köpfe. Es ist ein eitles und lächerliches Vorgeben, wenn Weiber behaupten, in den Geist eines Mannes sich verliebt zu haben, oder es ist die Überspannung eines entarteten Wesens.

Nur „aus Liebe" heiraten und es nicht sehr bald bereuen müssen, ja heiraten überhaupt, heißt, mit verbundenen Augen in einen Sack greifen und hoffen, daß man einen Aal aus einem Haufen Schlangen herausfinde.

In unserm monogamischen Weltteil heißt heiraten, seine Rechte halbieren und seine Pflichten verdoppeln.

Heiraten heißt das Mögliche tun, einander zum Ekel zu werden.

Glückliche Ehen sind bekanntlich selten.

Die *europäischen Ehegesetze* nehmen das Weib als Äquivalent des Mannes, gehen also von einer unrichtigen Voraussetzung aus.

Ehe aus Liebe

Ehen aus Liebe werden im Interesse der Gattung, nicht der Individuen geschlossen. Zwar wähnen die Beteiligten ihr eigenes Glück zu fördern: Allein ihr wirklicher Zweck ist ein ihnen selbst fremder, indem er in der Hervorbringung eines nur durch sie möglichen Individuums liegt. Durch diesen Zweck zusammengeführt sollen sie fortan suchen, so gut als möglich mit einander auszukommen. Aber sehr oft wird das durch jenen instinktiven Wahn, welcher das Wesen der leidenschaftlichen Liebe ist, zusammengebrachte Paar im übrigen von der heterogensten Beschaffenheit sein. Dies kommt an den Tag, wann der Wahn, wie er notwendig muß, verschwindet. Demgemäß fallen die aus Liebe geschlossenen Ehen in der Regel unglücklich aus: Denn durch sie wird für die kommende Generation auf Kosten der gegenwärtigen gesorgt. *Quien se casa por amores, ha de vivir con dolores* (Wer aus Liebe heiratet, hat unter Schmerzen zu leben) sagt das spanische Sprichwort.

Es gewinnt den Anschein, als müßte, bei Abschließung einer Ehe, entweder das Individuum oder das Interesse der Gattung zu kurz kommen. Meistens steht es auch so: Denn daß Konvenienz und leidenschaftliche Liebe Hand in Hand gingen, ist der seltenste Glücksfall.

Eheliche Treue – beim Mann und bei der Frau

Die eheliche Treue ist dem Manne künstlich, dem Weibe natürlich, und also Ehebruch des Weibes, wie objektiv, wegen der Folgen, so auch subjektiv, wegen der Naturwidrigkeit, viel unverzeihlicher als der des Mannes.

Die Eisenbahn

Die *größte Wohltat der Eisenbahnen* ist, daß sie Millionen Zugpferden ihr jammervolles Dasein ersparen.

Die Eitelkeit – bei der Frau und beim Mann

Die Eitelkeit der Weiber, selbst wenn sie nicht größer, als die der Männer sein sollte, hat das Schlimme, daß sie sich ganz auf materielle Dinge wirft, nämlich auf ihre persönliche Schönheit und nächstdem auf Flitter, Staat, Pracht. Daher auch die Sozietät so recht ihr Element ist. Dies macht sie, zumal bei ihrer geringen Vernunft, zur *Verschwendung* geneigt, weshalb schon ein Alter sagt: *dapanerà phýsei gyné* [„Die Frau ist von Natur verschwenderisch“, Menander, *Monostichoi*, 97]. Die Eitelkeit der Männer hingegen wirft sich oft auf nicht materielle Vorzüge, wie Verstand, Gelehrsamkeit, Mut und dergleichen.

Die Engländer und die Kirche

Willst du was frühe Glaubensimpfung leistet, mit eigenen Augen und in der Nähe sehen, so betrachte die Engländer. Sieh diese von der Natur vor allen andern begünstigte und mit Verstand, Geist, Urteilskraft und Charakterfestigkeit mehr als alle übrigen ausgestattete Nation, sieh sie, tief unter alle andern herabgesetzt, ja geradezu verächtlich gemacht, durch ihren stupiden Kirchenaberglauben, welcher, zwischen ihren übrigen Fähigkeiten, ordentlich wie ein fixer Wahn, eine Monomanie, erscheint. Das haben sie bloß dem zu danken, daß die Erziehung in den Händen der Geistlichkeit ist, welche Sorge trägt, ihnen sämtliche Glaubensartikel in frühester Jugend einzuprägen, daß es bis zu einer Art partieller Gehirnlähmung geht, die sich dann zeitlebens in jener blödsinnigen Bigotterie äußert, durch welche sogar übrigens höchst verständige und geistreiche Leute unter ihnen sich degradieren und uns an ihnen ganz irre werden lassen.

Man wird unter fünfzig Engländer kaum mehr als einen finden, welcher miteinstimmt, wenn man von der stupiden und degradierenden Bigotterie seiner Nation mit gebührender Verachtung spricht: Der eine aber pflegt ein Mann von Kopf zu sein.

Englisch als Argument gegen Optimisten

Bekanntlich sind die Sprachen, namentlich in grammatischer Hinsicht, desto vollkommener, je älter sie sind, und werden stufenweise immer schlechter, – vom hohen Sanskrit an bis zum englischen Jargon herab, diesem aus Lappen heterogener Stoffe zusammengeflickte Gedankenkleide. Diese allmähliche Degradation ist ein bedenkliches Argument gegen die beliebten Theorien unserer so nüchtern lächelnden Optimisten vom „stetigen Fortschritt der Menschheit zum Bessern", wozu sie die deplorable Geschichte des bidepischen Geschlechts verdrehen möchten.

Erbrecht

Daß das von Männern, durch große und lange fortgesetzte Arbeit und Mühe schwer erworbene Eigentum nachher in die Hände der Weiber gerät, welche, in ihrer Unvernunft, es binnen kurzer Zeit durchbringen, oder sonst vergeuden, ist ein eben so großes, wie häufiges Unbild, dem man durch Beschränkung des weiblichen Erbrechts vorbeugen sollte.

Eugenetik

Könnte man alle Schurken kastrieren und alle dummen Gänse ins Kloster stecken, den Leuten von edelem Charakter ein ganzes Harem beigeben, und allen Mädchen von Geist und Verstand Männer, und zwar ganze Männer, verschaffen, so würde bald eine Generation erstehen, die ein mehr als Perikleisches Zeitalter darstellte.

F

Fetisch und Reliquie

Die Verehrung, welche der gebildete große Haufe dem Genie zollt, artet, gerade so wie die, welche die Gläubigen ihren Heiligen widmen, gar leicht in läppischen Reliquiendienst aus. Wie Tausende von Christen die Reliquien eines Heiligen anbeten, dessen Leben und Lehre ihnen unbekannt ist; wie die Religion Tausender von Buddhisten viel mehr in der Verehrung des Dahtu (heiligen Zahns), ja, der ihn einschließenden Dagoba (Stupa), oder der heiligen Patra (Eßnapf), oder der versteinerten Fußstapfe, oder des heiligen Baumes, den Buddha gesät hat, besteht, als in der gründlichen Kenntnis und treuen Ausübung seiner hohen Lehre; so wird Petrarcas Haus in Arquà, Tassos angebliches Gefängnis in Ferrara, Shakespeares Haus in Stratfort, nebst seinem Stuhl darin, Goethes Haus in Weimar, nebst Mobilien, Kants alter Hut, imgleichen die respektiven Autographen, von vielen aufmerksam und ehrfurchtsvoll angegafft, welche die Werke der Männer nie gelesen haben. Sie können nun eben weiter nichts als gaffen.

Fichte

Wie im alten deutschen Puppenspiel dem Kaiser, oder sonstigen Helden, alle Mal der Hanswurst beigegeben war, welcher alles, was der Held gesagt oder getan hatte, nachher in *seiner* Manier und mit Übertreibung wiederholte; so steht hinter dem großen Kant der Urheber der *Wissenschaftslehre*, richtiger *Wissenschaftsleere*. Wie dieser Mann seinen, dem deutschen philosophischen Publikum gegenüber ganz passenden und zu billigenden Plan, mittelst einer philosophischen Mystifikation Aufsehn zu erregen, um in Folge desselben seine und der seinigen Wohlfahrt zu begründen, vorzüglich dadurch ausführte, daß er Kant in allen Stücken *überbot*, als dessen lebendiger Superlativ auftrat und durch Vergrößerung der hervorstechenden Teile ganz eigentlich eine Karikatur der Kantischen Philosophie zu Stande brachte; so hat er dieses auch in der Ethik geleistet. In seinem *System der Sittenlehre* finden wir den kategorischen Imperativ herangewachsen zu einem despotischen Imperativ: Das absolute Soll, die gesetzgebende Vernunft und das Pflichtgebot haben sich entwickelt zu einem moralischen *Fatum*, einer unergründlichen Notwendigkeit, daß das Menschengeschlecht gewissen Maximen streng gemäß handle, als woran, nach den moralischen Anstalten zu urteilen, sehr viel gelegen sein muß, obwohl man nirgends eigentlich erfährt *was*.

Zwischen jenen Pedantereien kommt nun aber Fichtes eigentliche philosophische Roheit, wie sie zu erwarten ist bei einem Mann, dem das Lehren nie Zeit zum Lernen gelassen hat, augenfällig hervor.

Fichtes Sohn, der Philosoph Immanuel Hermann

Wir haben ihn schon in Berlin nur den Simplicissimus genannt.

Die Fliege

Zum Symbol der Unverschämtheit und Dummdreistigkeit sollte man die Fliege nehmen. Denn während alle Tiere den Menschen über alles scheuen und schon von ferne vor ihm fliehen, setzt sie sich ihm auf die Nase.

Fortschrittsgläubigkeit

Der Fortschritt ist der Traum des neunzehnten Jahrhunderts – so wie die Auferstehung der Toten derjenige des zehnten war; jedes Zeitalter hat den seinigen. Wenn dieses Jahrhundert seine Kornkammer und die der Vergangenheit geleert und die Wissenschaften und Reichtümer kumuliert haben wird, wird dann der Mensch im Verhältnis zu dieser Anhäufung kleiner erscheinen? *Misérables parvenus* ...

Die Franzosen

Die andern Weltteile haben Affen; Europa hat *Franzosen.* Das gleicht sich aus.

Die Franzosen und ihr Umgang mit dem Griechischen

Die Franzosen, inklusive der Akademien, gehn mit der griechischen Sprache schändlich um: sie nehmen die Worte derselben herüber, um sie zu verunstalten [...], sie schreiben die griechischen Wörter, wie ein französischer Bauernjunge, der sie aus fremdem Munde aufgeschnappt hätte, sie schreiben würde. Es würde doch recht artig lassen, wenn die französischen Gelehrten, sich wenigstens so stellen wollten, als verstünden sie Griechisch. Nun aber zu Gunsten eines so ekelhaften Jargons, wie der französische (dieses auf die widrigste Weise verdorbene Italienisch mit den langen, scheußlichen Endsilben und dem Nasal) an sich selbst genommen ist, die edle griechische Sprache frech verhunzen zu sehn, ist ein Anblick, wie wenn die große westindische Spinne einen Kolibri, oder eine Kröte einen Schmetterling frißt. Da nun die Herrn von der Akademie sich stets gegenseitig „mon illustre confrère" titulieren, welches durch den gegenseitigen Reflex, besonders von weitem, einen imposanten Effekt macht, so ersuche ich die *illustres confrères*, die Sache ein Mal in Überlegung zu nehmen: – also entweder die griechische Sprache in Ruhe zu lassen und sich mit ihrem eigenen Jargon zu behelfen, oder die griechischen Worte zu gebrauchen, ohne sie zu verhunzen.

Die französische Sprache

Es sei hier aufmerksam gemacht auf den höchsten Gipfel jener geckenhaften französischen National-Eitelkeit, welche schon seit Jahrhunderten ganz Europa mit Stoff zum Lachen versieht: hier ist ihr *non plus ultra*. Im Jahre 1857 ist in seiner 5. Auflage ein zum Gebrauch der Universität dienendes Buch erschienen: *Notions élémentaires de grammaire comparée, pour servir à l'étude des trois langues classiques, rédigé sur l'invitation du ministre de l'Instruction publique, par Egger, membre de l'Institut, etc. etc.* [Grundbegriffe der vergleichenden Grammatik zum Studium der drei klassischen Sprachen, im Auftrag des Bildungsministers zusammengestellt von Egger, Institutsmitglied u.s.w.] Und zwar (*credite posteri!* [Horaz, *Carmina* II, 19, 2]) ist hier die gemeinte *dritte klassische Sprache* – die *französische*. Also dieser elendeste romanische Jargon, diese schlechteste Verstümmelung lateinischer Worte, diese Sprache, welche auf ihre ältere und viel edlere Schwester, die italienische, mit Ehrfurcht hinaufsehn sollte, diese Sprache, welche den ekelhaften Nasal *en*, *on*, *un* zum ausschließlichen Eigentum hat, wie auch den schluckaufartigen, so unaussprechlich widerwärtigen Akzent auf der letzten Silbe, während alle anderen Sprachen die sanft und beruhigend wirkende lange Penultima haben, diese Sprache, in der es kein Metrum gibt, sondern der Reim allein, und zwar meistens auf *é* oder *on*, die Form der Poesie ausmacht, – diese armselige Sprache wird hier als *langue classique* neben die griechische und lateinische gestellt! Ich fordere ganz Europa auf zu einer General-*huée*, um diese schamlosesten aller Gecken zu demütigen.

Die Frau überhaupt

Schon der Anblick der weiblichen Gestalt lehrt, daß das Weib weder zu großen geistigen, noch körperlichen Arbeiten bestimmt ist. Es trägt die Schuld des Lebens nicht durch Tun, sondern durch Leiden ab, durch die Wehen der Geburt, die Sorgfalt für das Kind, die Unterwürfigkeit unter dem Mann, dem es eine geduldige und aufheiternde Gefährtin sein soll. Die heftigsten Leiden, Freuden und Kraftäußerungen sind ihm nicht beschieden; sondern sein Leben soll stiller, unbedeutsamer und gelinder dahinfließen als das des Mannes, ohne wesentlich glücklicher, oder unglücklicher zu sein.

Die Frau – das schöne Geschlecht

Das niedrig gewachsene, schmalschultrige, breithüftige und kurzbeinige Geschlecht das schöne nennen, konnte nur der vom Geschlechtstrieb umnebelte männliche Intellekt: In diesem Triebe nämlich steckt seine ganze Schönheit.

Die Frau – das zweite Geschlecht

Die Weiber sind *sexus sequior*, das in *jedem* Betracht zurückstehende zweite Geschlecht, dessen Schwäche man demnach schonen soll, aber welchem Ehrfurcht zu bezeugen über die Maßen lächerlich ist und uns in ihren eigenen Augen herabsetzt.

Mit den Mädchen hat es die Natur auf das, was man, im dramaturgischen Sinne, einen Knalleffekt nennt, abgesehen, indem sie dieselben, auf wenige Jahre, mit überreichlicher Schönheit, Reiz und Fülle ausstattete, auf Kosten ihrer ganzen übrigen Lebenszeit; damit sie nämlich, während jener Jahre, der Phantasie eines Mannes sich in dem Maße bemächtigen könnten, daß er hingerissen wird, die Sorge für sie auf Zeit Lebens, in irgend einer Form, ehrlich zu übernehmen; zu welchem Schritte ihn zu vermögen, die bloße vernünftige Überlegung keine hinlänglich sichere Bürgschaft zu geben schien. Sonach hat die Natur das Weib, eben wie jedes andere ihrer Geschöpfe, mit den Waffen und Werkzeugen ausgerüstet, deren es zur Sicherung seines Daseins bedarf, und auf die Zeit, da es ihrer bedarf; wobei sie denn auch mit ihrer gewöhnlichen Sparsamkeit verfahren ist. Wie nämlich die weibliche Ameise, nach der Begattung, die fortan überflüssigen, ja, für das Brutverhältnis gefährlichen Flügel verliert; so meistens, nach einem oder zwei Kindbetten, das Weib seine Schönheit; wahrscheinlich sogar aus dem selben Grunde.

Die Weiber, als die schwächeren, sind von der Natur nicht auf die Kraft, sondern auf die List angewiesen: daher ihre instinktartige Verschlagenheit und ihr unvertilgbarer Hang zum Lügen. Denn, wie den Löwen mit Klauen und Gebiß, den Elefanten mit Stoßzähnen, den Eber mit Hauern, den Stier mit Hörnern und die Sepia mit der wassertrübenden Tinte, so hat die Natur das Weib mit Verstellungskunst ausgerüstet, zu seinem Schutz und Wehr, und hat alle die Kraft, die sie dem Manne als körperliche Stärke und Vernunft verlieh, dem Weibe in Gestalt jener Gabe zugewendet. Die Verstellung ist ihm daher angeboren, deshalb auch fast so sehr dem dummen, wie dem klugen Weibe eigen. Von derselben bei jeder Gelegenheit Gebrauch zu machen ist ihm daher so natürlich, wie jenen

Tieren, beim Angriff, sogleich ihre Waffen anzuwenden, und empfindet es sich dabei gewissermaßen als seine Rechte gebrauchend.

Die zu liebende Frau – Schönheit und Alter

Die oberste, unsere Wahl und Neigung leitende Rücksicht ist das *Alter*. Im Ganzen lassen wir es gelten von den Jahren der eintretenden bis zu denen der aufhörenden Menstruation, geben jedoch der Periode vom achtzehnten bis achtundzwanzigsten Jahre entschieden den Vorzug. Außerhalb jener Jahre hingegen kann kein Weib uns reizen: Ein altes, d. h. nicht mehr menstruiertes Weib erregt unsere Abscheu. Jugend ohne Schönheit hat immer noch Reiz; Schönheit ohne Jugend keinen.

Die zu heiratende Frau – lieber reich als arm

Frauen, welche arme Mädchen waren, sind sehr oft anspruchsvoller und verschwenderischer, als die, welche eine reiche Aussteuer zubrachten; indem meistenteils die reichen Mädchen nicht bloß Vermögen mitbringen, sondern auch mehr Eifer, ja, angeerbten Trieb zur Erhaltung desselben, als arme. [...] Jedenfalls möchte ich dem, der ein armes Mädchen heiratet, raten, sie nicht das Kapital, sondern eine bloße Rente erben zu lassen, besonders aber dafür zu sorgen, daß das Vermögen der Kinder nicht in ihre Hände gerät.

Frauen und Geld

Die Weiber denken in ihrem Herzen, die Bestimmung der Männer sei, Geld zu verdienen, die ihrige hingegen, es durchzubringen; womöglich schon bei Lebzeiten des Mannes, wenigstens aber nach seinem Tode. Schon daß der Mann das

Erworbene ihnen zur Haushaltung übergibt, bestärkt sie in dem Glauben.

Frauen und Gerechtigkeit

Die Weiber, als welche, wegen der Schwäche ihrer Vernunft, allgemeine *Grundsätze* zu verstehen, festzuhalten und zur Richtschnur zu nehmen, weit weniger als die Männer fähig sind, stehen in der Tugend der Gerechtigkeit, also auch der Redlichkeit und Gewissenhaftigkeit, diesen in der Regel nach; daher Ungerechtigkeit und Falschheit ihre häufigsten Laster sind und Lügen ihr eigentliches Element. [...] Der Gedanke, Weiber das Richteramt verwalten zu sehen, erregt Lachen.

Im Punkte der Gerechtigkeit, Redlichkeit und Gewissenhaftigkeit [stehen die Weiber den Männern] nach. Denn in Folge ihrer schwachen Vernunft übt das Gegenwärtige, Anschauliche, unmittelbar Reale eine Gewalt über sie aus, gegen welche die abstrakten Gedanken, die stehenden Maximen, die festgefaßten Entschlüsse, überhaupt die Rücksicht auf Vergangenheit und Zukunft, auf Abwesendes und Entferntes, selten viel vermögen.

Frauen und Herrschaft

Daß das Weib, seiner Natur nach, zum Gehorchen bestimmt sei, gibt sich daran zu erkennen, daß eine jede, welche in die ihr naturwidrige Lage gänzlicher Unabhängigkeit versetzt wird, alsbald sich irgend einem Manne anschließt, von dem sie sich lenken und beherrschen läßt; weil sie eines Herrn bedarf. Ist sie jung, so ist es ein Liebhaber; ist sie alt, ein Beichtvater.

Frauen und Intelligenz

Unverstand schadet bei Weibern nicht: eher noch könnte überwiegende Geisteskraft, oder gar Genie, als eine Abnormität, ungünstig wirken. Daher sieht man oft einen häßlichen, dummen und rohen Menschen einen wohlgebildeten, geistreichen und liebenswürdigen Mann bei Weibern ausstechen.

Frauen und Kinder

Zu dem, *was einer hat*, habe ich Frau und Kinder nicht gerechnet, da er von diesen vielmehr gehabt wird.

Zu Pflegerinnen und Erzieherinnen unserer ersten Kindheit eignen die Weiber sich gerade dadurch, daß sie selbst kindisch, läppisch und kurzsichtig, mit einem Worte, Zeit Lebens große Kinder sind: eine Art Mittelstufe, zwischen dem Kinde und dem Manne, als welcher der eigentliche Mensch ist. Man betrachte nur ein Mädchen, wie sie, Tage lang, mit einem Kinde tändelt, herumtanzt und singt, und denke sich, was ein Mann, beim besten Willen, an ihrer Stelle leisten könnte.

Frauen, Lüge und Verstellung

Wie der Tintenfisch, so verbirgt sich das Weib gerne in Verstellung und schwimmt in der Lüge.

Alle Menschen lügen – schon seit Salomons Zeiten; doch war damals die Lüge noch ein Naturlaster oder die Kaprize eines Augenblicks, noch nicht Notwendigkeit und Gesetz, wie sie es nun unter der vielgelobten Herrschaft der Weiber geworden ist.

Ein ganz wahrhaftes, unverstelltes Weib ist vielleicht unmöglich. Eben deshalb durchschauen sie fremde Verstellung so leicht, daß es nicht ratsam ist, ihnen gegenüber, es damit zu versuchen.

Frauen und Meineid

Des gerichtlichen Meineides machen Weiber sich viel öfter schuldig als Männer. Es ließe sich überhaupt in Frage stellen, ob sie zum Eide zuzulassen sind.

Frauen und Politik

Sollte nicht in Frankreich der seit Ludwig XIII. immer wachsende Einfluß der Weiber schuld sein an der allmählichen Verderbnis des Hofes und der Regierung, welche die erste Revolution herbeiführte, deren Folge alle nachherigen Umwälzungen gewesen sind?

Frauen und Solidarität

Zwischen Männern ist von Natur bloß Gleichgültigkeit; aber zwischen Weibern ist schon von Natur Feindschaft. [...] Schon beim Begegnen auf der Straße sehn sie einander an wie Guelfen und Ghibellinen.

Frauen und Verfall

Die Weiber haben am meisten dazu beigetragen, die moderne Welt mit der Lepra anzustecken, die sie verzehrt.

Frauen und Vermögen

Alle Weiber, mit seltenen Ausnahmen, sind zur Verschwendung geneigt. Daher muß jedes vorhandene Vermögen, mit Ausnahme der seltenen Fälle, wo sie es selbst erworben haben, von ihrer Torheit sicher gestellt werden.

Die Frauen und ihre Bestimmung

Im Grunde sind die Weiber ganz allein zur Propagation des Geschlechts da und ihre Bestimmung geht hierin auf; so leben sie durchweg mehr in der Gattung, als in den Individuen: nehmen es in ihrem Herzen ernstlicher mit den Angelegenheiten der Gattung als mit den individuellen. Dies gibt ihrem ganzen Wesen und Treiben einen gewissen Leichtsinn und überhaupt eine von der des Mannes von Grund aus verschiedene Richtung, aus welcher die so häufige und fast normale Uneinigkeit in der Ehe erwächst.

Die Frauen und ihre Interessen

Weder für Musik, noch Poesie, noch bildende Künste haben Weiber wirklich und wahrhaftig Sinn und Empfänglichkeit; sondern bloße Äfferei, zum Behuf ihrer Gefallsucht, ist es, wenn sie solche affektieren und vorgeben. Das macht, sie sind keines *rein objektiven Anteils* an irgend etwas fähig, und der Grund hiervon ist, denke ich, folgender. Der Mann strebt in allem eine *direkte* Herrschaft über die Dinge an, entweder durch Verstehn, oder durch Bezwingen derselben. Aber das Weib ist immer und überall auf eine bloß *indirekte* Herrschaft verwiesen, nämlich mittelst des Mannes, als welchen allein es direkt zu beherrschen hat. Darum liegt es in der Weiber Natur, alles nur als Mitte, den Mann zu gewinnen, anzusehen, und ihr

Anteil an irgend etwas Anderm ist immer nur ein simulierter, ein bloßer Umweg, d.h. läuft auf Koketterie und Äfferei hinaus. Daher hat schon Rousseau gesagt: „Les femmes, en général, n'aiment aucun art, ne se connoissent à aucun, et n'ont aucun génie" [Die Frauen im allgemeinen lieben keine Kunst, verstehen sich auf keine und haben kein Genie] (Lettre à d'Alembert, note XX). Auch wird jeder, der über den Schein hinaus ist, es schon bemerkt haben. Man darf nur die Richtung und Art ihrer Aufmerksamkeit im Konzert, Oper und Schauspiel beobachten, z.B. die kindliche Unbefangenheit sehn, mit der sie, unter den schönsten Stellen der größten Meisterwerke, ihr Geplapper fortsetzen.

Die Frau und ihre Kurzsichtigkeit

Die Vernunft ist es, vermöge deren der Mensch nicht, wie das Tier, bloß in der Gegenwart lebt, sondern Vergangenheit und Zukunft übersieht und bedenkt; woraus dann seine Vorsicht, seine Sorge und häufige Beklommenheit entspringt. Der Vorteile, wie der Nachteile, die dies bringt, ist das Weib, in Folge seiner schwächern Vernunft, weniger teilhaft: vielmehr ist dasselbe ein geistiger Myops, indem sein intuitiver Verstand in der Nähe scharf sieht, hingegen einen engen Gesichtskreis hat, in welchen das Entfernte nicht fällt; daher eben alles Abwesende, Vergangene, Künftige, viel schwächer auf die Weiber wirkt, als auf uns, woraus denn auch der bei ihnen viel häufigere und bisweilen an Verrücktheit grenzende Hang zur Verschwendung entspringt: *dapanerà phýsei gyné* [„Die Frau ist von Natur verschwenderisch", Menander, *Monostichoi*, 97]. [...] So viele Nachteile dies alles zwar mit sich führt, so hat es doch das Gute, daß das Weib mehr in der Gegenwart aufgeht als wir, und daher diese, wenn sie nur erträglich ist, besser genießt, woraus die dem Weibe eigentümliche Heiterkeit hervorgeht, welche sie zur Erholung des sorgenbelasteten Mannes eignet.

Die Frauen und ihre Leistungen in der Kunst

Die eminentesten Köpfe des ganzen weiblichen Geschlechts haben es nie zu einer einzigen wirklich großen, echten und originellen Leistung in den schönen Künsten bringen, überhaupt nie irgend ein Werk von bleibendem Wert in die Welt setzen können. [...] Einzelne und teilweise Ausnahmen ändern die Sache nicht.

Die Frauen und ihre Stellung in der Gesellschaft

Eine falsche Stellung des weiblichen Geschlechts, wie eine solche an unserm Damenwesen ihr grellstes Symptom hat, [ist] ein Grundgebrechen des geselligen Zustandes, welches, vom Herzen desselben aus, auf alle Teile seinen nachteiligen Einfluß erstrecken muß.

Nicht Frauen, sondern Weiber!

Zum Sprachverderb zähle ich auch den immer allgemeiner werdenden verkehrten Gebrauch des Wortes *Frauen* statt *Weiber*, wodurch abermals die Sprache verarmt: denn *Frau* heißt *uxor* und Weib *mulier* (Mädchen sind keine Frauen, sondern wollen es werden). [...] Die Weiber wollen nicht mehr Weiber heißen, aus demselben Grunde, aus welchem die Juden Israeliten, und die Schneider Kleidermacher genannt werden wollen und die Kaufleute ihr Comptoir Büreau titulieren, jeder Spaß oder Witz *Humor* heißen will, weil nämlich dem *Worte* beigemessen wird was nicht ihm, sondern der Sache anhängt. Nicht das Wort hat der Sache Geringschätzung zugezogen, sondern umgekehrt [...]. Aber keinesfalls darf die deutsche Sprache, einer Weibergrille halber, um ein Wort ärmer werden. Daher lasse man den Weibern und ihren schalen Teetischliteraten die Sache nicht durchgehn.

Freiheit

Liberum arbitrium indifferentiae, unter dem Namen „die sittliche Freiheit“, ist eine allerliebste Spielpuppe für Philosophieprofessoren, die man ihnen lassen muß, – den geistreichen, redlichen und aufrichtigen.

Fremde Gedanken

Nur die *eigenen Gedanken* haben Wahrheit und Leben; denn nur die eigenen Gedanken versteht man. Fremde, gelesene Gedanken sind geschissene Scheiße.

Freudenmädchen

Freudenmädchen führen ein so freuden- und ehrloses Leben, werden unter solchen [monogamischen] Umständen aber notwendig, daher treten sie als ein öffentlich anerkannter Stand auf, mit dem speziellem Zweck, jene vom Schicksal begünstigten Weiber, welche Männer gefunden haben, oder solche hoffen dürfen, vor Verführung zu bewahren.

Freunde

Die Freunde nennen sich aufrichtig; die Feinde sind es.

G

Die Geburt

Das einzige Glück besteht darin, nicht geboren zu werden.

Das Gedächtnis

Das Gedächtnis ist ein kapriziöses und launisches Wesen, einem jungen Mädchen zu vergleichen: Bisweilen verweigert es ganz unerwartet, was es hundert Mal geliefert hat, und bringt es dann später, wenn man nicht mehr daran denkt, ganz von selbst entgegen.

Das Gehirn

Das Gehirn ist der Parasit, oder Pensionär, des ganzen Organismus.

Gelehrsamkeit

Mir scheint die Gelehrsamkeit mit einem schweren Harnisch zu vergleichen, als welcher allerdings den starken Mann völlig unüberwindlich macht, hingegen dem schwachen eine Last ist, unter der er vollends zusammensinkt.

Der Gelehrte

Die *Perücke* ist doch das wohlgewählte Symbol des reinen Gelehrten als solchen. Sie ziert den Kopf mit einem reichlichen Maße fremden Haares bei Ermangelung des eigenen; wie die Gelehrsamkeit in seiner Ausstattung mit einer großen Menge fremder Gedanken besteht, welche denn freilich ihn nicht so wohl und natürlich kleiden, noch so brauchbar in allen Fällen und allen Zwecken angepaßt sind, noch so fest wurzeln, noch, wenn verbraucht, sogleich durch andere aus derselben Quelle ersetzt werden, wie die dem selbsteigenen Grund und Boden entsprossen.

Dem, der studiert, um *Einsicht* zu erlangen, sind die Bücher und Studien bloß Sprossen der Leiter, auf der er zum Gipfel der Erkenntnis steigt: sobald eine Sprosse ihn um einen Schritt gehoben hat, läßt er sie liegen. Die Vielen hingegen, welche studieren, um ihr Gedächtnis zu füllen, benutzen nicht die Sprosse der Leiter zum Steigen, sondern nehmen sie ab und laden sie sich auf, um sie mitzunehmen, sich freuend an der zunehmenden Schwere der Last. Sie bleiben ewig unten, da sie das tragen, was sie hätte tragen sollen.

Der deutsche Gelehrte

Der deutsche Gelehrte ist aber auch zu arm, um redlich und ehrenhaft sein zu können. Daher ist drehen, winden, sich akkomodieren und seine Überzeugung verleugnen, kriechen, schmeicheln, Partei machen und Kameradschaft schließen, Minister, Große, Kollegen, Studenten, Buchhändler, Rezensenten, kurz, alles eher als die Wahrheit und fremdes Verdienst, berücksichtigen – sein Gang und seine Methode. Er wird dadurch meistens ein rücksichtsvoller Lump.

Der simple Gelehrte

Der eigentliche, simple Gelehrte, etwa der Göttingische Ordinarius, sieht das Genie an wie wir den Hasen, als welcher erst nach seinem Tode genießbar und der Zurichtung fähig wird; auf den man daher, so lange er lebt, bloß schießen muß.

Die Gelehrtenrepublik

In der Gelehrtenrepublik geht es, im ganzen genommen, so her wie in der Republik Mexiko, als in welcher jeder bloß auf *seinen* Vorteil bedacht ist, Ansehn und Macht für sich suchend, ganz unbekümmert um das Ganze, welches darüber zu Grunde geht. Eben so sucht in der Gelehrtenrepublik jeder nur *sich* geltend zu machen, um Ansehn zu gewinnen: das Einzige, worin sie alle übereinstimmen, ist, einen wirklich eminenten Kopf, wenn er sich zeigen sollte, nicht aufkommen zu lassen; da er allen zugleich gefährlich wird. Wie das Ganze der Wissenschaften dabei fährt, ist leicht abzusehen.

Die Geschlechtsbegierde

Die Geschlechtsbegierde, zumal wenn, durch Fixieren auf ein bestimmtes Weib, zur Verliebtheit konzentriert, ist die Quintessenz der ganzen Prellerei dieser nobeln Welt; da sie so unaussprechlich, unendlich und überschwenglich viel verspricht und dann so erbärmlich wenig hält.

Geschlechtsliebe – männlich und weiblich

Der Mann ist von Natur zur Unbeständigkeit in der Liebe, das Weib zur Beständigkeit geneigt. Die Liebe des Mannes sinkt merklich, von dem Augenblick an, wo sie Befriedigung erhalten hat: Fast jedes andere Weib reizt ihn mehr als das, welches er schon besitzt: Er sehnt sich nach Abwechslung. Die Liebe des Weibes hingegen steigt von eben jenem Augenblick an. Dies ist eine Folge des Zwecks der Natur, welche auf Erhaltung und daher auf möglichst starke Vermehrung der Gattung gerichtet ist. Der Mann nämlich kann, bequem, über hundert Kinder im Jahre zeugen, wenn ihm eben so viele Weiber zu Gebote stehen; das Weib hingegen könnte, mit noch so vielen Männern, doch nur *ein* Kind im Jahr (von Zwillingsgeburten abgesehen) zur Welt bringen. Daher sieht *er* sich stets nach andern Weibern um; *sie* hingegen hängt fest dem Einen an: denn die Natur treibt sie, instinktmäßig und ohne Reflexion, sich den Ernährer und Beschützer der künftigen Brut zu erhalten.

Der Geschlechtstrieb

Die aus dem *Geschlechtstrieb* entspringenden Kaprizen sind ganz analog den *Irrlichtern*; sie täuschen auf das Lebhafteste: aber folgen wir ihnen, so führen sie uns in den Sumpf, und verschwinden.

Gesellschaftliche Monstra der neueren Zeit

Zwei Dinge sind es hauptsächlich, welche den gesellschaftlichen Zustand der neuen Zeit von dem des Altertums, zum Nachteil des ersteren unterscheiden, indem sie demselben einen ersten, finstern, sinistern Anstrich gegeben haben, von welchem frei das Altertum heiter und unbefangen, wie der Morgen des Lebens, dasteht. Sie sind: das ritterliche Ehrenprinzip und die venerische Krankheit. [...] Möchten doch beide Monstra der neueren Zeit im 19. Jahrhundert ihr Ende finden!

Gesichter – häßlich und dumm

Wirklich ist es, in der Regel, ein trübseliger Anblick (*a sorry sight*). Einzelne gibt es sogar, auf deren Gesicht eine so naive Gemeinheit und Niedrigkeit der Sinnesart, dazu so tierische Beschränktheit des Verstandes ausgeprägt ist, daß man sich wundert, wie sie nur mit einem solchen Gesichte noch ausgehn mögen und nicht lieber eine Maske tragen.

Das Gewissen als Gerichtshof

Kant führt uns da im Innern des Gemütes einen vollständigen Gerichtshof vor, mit Prozeß, Richter, Ankläger, Verteidiger, Urteilsspruch. Verhielte sich nun wirklich der innere Vorgang so, wie Kant ihn darstellt, so müßte man sich wundern, daß noch irgend ein Mensch, ich will nicht sagen so *schlecht*, aber so *dumm* sein könnte, gegen das Gewissen zu handeln. Denn eine solche übernatürliche Anstalt ganz eigener Art in unserm Selbstbewußtsein, ein solches vermummtes Femegericht in geheimnisvollem Dunkel unseres Innern, müßte jedem ein Grausen und eine Deisidämonie [Furcht vor Dämonen] einjagen, die ihn wahrlich abhielte, kurze, flüchtige Vorteile zu ergreifen, gegen das Verbot und unter den Drohungen übernatürlicher, sich so deutlich und so nahe ankündigender, furchtbarer Mächte. In der Wirklichkeit hingegen sehen wir umgekehrt die Wirksamkeit des Gewissens allgemein für so schwach gelten, daß alle Völker darauf bedacht gewesen sind, ihr durch positive Religion zu Hilfe zu kommen, oder gar sie dadurch völlig zu ersetzen.

Glaube

Der Glaube ist wie die Liebe: Es läßt sich nicht erzwingen.

Glaube und Wissen

Glaube und Wissen vertragen sich nicht wohl im selben Kopfe: Sie sind darin wie Wolf und Schaf in einem Käfig; und zwar ist das Wissen der Wolf, der den Nachbarn aufzufressen droht.

Das Wissen ist aus einem härterem Stoff als der Glaube, so daß, wenn sie gegeneinander stoßen, dieser bricht.

Glückseligkeit

Es gibt nur *einen* angeborenen Irrtum, und es ist der, daß wir da sind, um glücklich zu sein.

Alle Befriedigung, oder was man gemeinhin Glück nennt, ist eigentlich und wesentlich immer nur *negativ* und durchaus nie positiv.

Alles im Leben gibt kund, daß das irdische Glück bestimmt ist, vereitelt oder als eine Illusion erkannt zu werden.

Gott und unsere Spaßphilosophen

Unsere *Spaßphilosophen* nehmen *Gott* als bekannt an, und erklären aus ihm die Welt. Damit meinen sie etwas getan zu haben. Während der Besagte sowohl seiner *existentia* als *essentia* nach völlig = x ist, also ein bloßes Wort.

Gott als Gegenstand der Philosophie

Gott ist in der neuen Philosophie was die letzten Fränkischen Könige unter den *majores domus* [Ahnen des Hauses], ein leerer Name, den man beibehält, um bequemer und unangefochtener sein Wesen treiben zu können.

Gott als Person

Wenn man den *Buddhismus* aus seinen Quellen studiert, da wird es einem hell im Kopfe; da ist gar nicht das dumme Gerede von der Welt, aus Nichts geschaffen, und von einem plötzlichen Kerl, der sie gemacht hat. Pfui über diesen Schmutz!

Gott als Weltschöpfer

Wenn ein Gott diese Welt gemacht hat, so möchte ich nicht der Gott sein: Ihr Jammer würde mir das Herz zerreißen.

Die griechische und lateinische Grammatik

Ich glaube, daß das Erlernen der lateinischen und griechischen Grammatik vom sechsten bis zum zwölften Jahre den Grund legt zur nachherigen Stumpfheit der meisten Gelehrten.

H

Hausfreunde

Die *Hausfreunde* heißen meistens mit Recht so, indem sie mehr die Freunde des Hauses als des Herrn, also den Katzen ähnlicher als den Hunden sind.

Hegel

Papier-, Zeit- und Kopf-Verderber.

Nein, was ihr da seht, ist kein Adler, betrachtet doch nur seine Ohren.

Einen widerlichen, geistlosen Scharlatan und beispiellosen Unsinnschmierer, Hegel, konnte man, in Deutschland, als den größten Philosophen aller Zeiten ausschreien, und viele Tausende haben es, zwanzig Jahre lang, steif und fest geglaubt, sogar außer Deutschland die Dänische Akademie, welche für seinen Ruhm gegen mich aufgetreten ist und ihn als einen *summus philosophus* hat geltend machen wollen.

Wenn ein Bund zur Verherrlichung des Schlechten verschworener Journalschreiber, wenn besoldete Professoren der Hegelei und schmachtende Privatdozenten, die es werden möchten, jenen sehr gewöhnlichen Kopf, aber ungewöhnlichen Scharlatan als den größten Philosophen, den je die Welt besessen, unermüdlich und mit beispielloser Unverschämtheit, in alle vier Winde ausschreien, so ist das keiner ersten Berücksichtigung wert, um so weniger, als die plumpe Absichtlichkeit dieses elenden Treibens nachgerade selbst dem wenig Geübten augenfällig werden muß. Wenn es aber so weit kommt, daß eine ausländische Akademie jenen Philosophaster als einen *summus philosophus* in Schutz nehmen will, ja, sich erlaubt, den Mann zu schmähen, der, redlich und unerschrocken, dem falschen, erschlichenen, gekauften und zusammengelogenen Ruhm mit *dem* Nachdruck sich entgegenstellt, der allein jenem frechen Anpreisen und Aufdringen des Falschen, Schlechten und Kopfverderbenden angemessen ist, so wird die Sache ernsthaft: Denn ein so beglaubigtes Urteil könnte Unkundige zu großem und schädlichem Irrtum verleiten. Es muß daher *neutralisiert* werden.

Hier macht also der *summus philosophus* der Dänischen Akademie folgenden Schluß: „Wenn ein in seinem Schwerpunkt unterstützter Stab nachmals auf einer Seite schwerer wird, so senkt er sich nach dieser Seite: nun aber senkt ein Eisenstab, nachdem er magnetisiert worden, sich nach einer Seite: also ist er daselbst schwerer geworden". Ein würdiges Analogon zu dem Schluß: „Alle Gänse haben zwei Beine. Du hast zwei Beine, also bist Du eine Gans". Denn in kategorischer Form gebracht, lautet der Hegelscher Syllogismus: „Alles was auf einer Seite schwerer wird, senkt sich nach der Seite: dieser magnetischer Stab senkt sich nach einer Seite, also ist er daselbst schwerer geworden". Das ist die Syllogistik dieses *summus philosophus*, und Reformator der Logik, dem man leider vergessen hat beizubringen, daß *e meris affirmativis in secunda figura nihil sequitur* [aus affirmativen Prämissen läßt sich in der zweiten syllogistischen Figur nichts schlußfolgern].

Nächst der Unsinnsschmiererei war die Vornehmtuerei der Hauptkniff auch dieses Scharlatans, so daß er bei jeder Gelegenheit, nicht bloß auf fremde Philosopheme, sondern auch auf jede Wissenschaft und ihre Methode, auf alles, was der menschliche Geist, im Laufe der Jahrhunderte, durch Scharfsinn, Mühe und Fleiß sich erworben hat, vornehm, fastidiös, schnöde und höhnisch herabblickt von der Höhe seines Wortgebäudes, und dadurch auch wirklich von der in seinem Abrakadabra verschlossenen Weisheit eine hohe Meinung beim deutschen Publikum erregt hat.

Hegel als Jugendverderber

Während andere Sophisten, Scharlatane und Obskuranten doch nur die *Erkenntnis* verfälschten und verdarben, Hegel hat sogar das *Organ* der Erkenntnis, den Verstand selbst verdorben. Indem er nämlich die Verleiteten nötigte, einen aus dem gröbsten Unsinn bestehenden Gallimathias, ein Gewebe aus *contradictionibus in adjecto* [Selbstwidersprüchen], ein Gewäsche wie aus dem Tollhause, als Vernunfterkenntnis in ihren Kopf hineinzuzwängen, wurde das Gehirn der armen jungen Leute, die sie etwas mit gläubiger Hingebung lasen und als die höchste Weisheit sich anzueignen suchten, so aus den Fugen gerenkt, daß es zum wirklichen Denken auf immer unfähig geblieben ist. Demzufolge sieht man sie noch bis auf den heutigen Tag herumgehn, im ekelhaften Hegeljargon reden, den Meister preisen und ganz ernstlich vermeinen, Sätze wie „Die Natur ist die Idee in ihrem Anderssein" sagten etwas. Junges, frisches Gehirn auf solche Art zu desorganisieren ist wahrlich eine Sünde, die weder Verzeihung noch Schonung verdient.

Hegelianer

Wenn ein *Hegelianer* sich in seinen Behauptungen plötzlich kontradiktorisch widerspricht, da sagt er: „Jetzt ist der Begriff in sein Gegenteil umgeschlagen".

Hierher gehört auch die plumpe Unverschämtheit, mit der die Hegelianer, in allen ihren Schriften, ohne Umstände und Einführung, ein Langes und Breites über den sogenannten „*Geist*" reden, sich darauf verlassen, daß man durch ihren Gallimathias viel zu sehr verblüfft sei, als daß, wie es Recht wäre, einer dem Herrn Professor zu Leibe ginge mit der Frage: „Geist? wer ist denn der Bursche? und woher kennt ihr ihn? ist er nicht etwa bloß eine beliebige und bequeme Hypostase, die ihr nicht ein Mal definiert, geschweige deduziert, oder beweist? Glaubt ihr ein Publikum von alten Weibern vor euch zu haben?" – Das wäre die geeignete Sprache gegen einen solchen Philosophaster.

Hegelianismus

Eine Philosophie, deren Fundamentalsatz ist „das Sein ist das Nichts" gehört doch wohl ins Tollhaus, und außer Deutschland würde man überall sie dahin verwiesen haben.

Wenn ich sagte, die sogenannte Philosophie dieses Hegels sei eine kolossale Mystifikation, welche noch der Nachwelt das unerschöpfliche Thema des Spottes über unsere Zeit liefern wird, eine alle Geisteskräfte lähmende, alles wirkliche Denken erstickende und mittelst des frevelhaftesten Mißbrauchs der Sprache, an dessen Stelle den hohlsten, sinnleersten, gedankenlosesten, mithin, wie der Erfolg bestätigt, verdummendsten Wortkram setzende Pseudophilosophie, welche, mit einem aus der Luft gegriffenen und absurden Einfall zum Kern, sowohl der Gründe als der Folgen entbehrt, d.h. durch nichts bewiesen wird, noch selbst irgend etwas beweist oder erklärt, dabei noch der Originalität ermangelnd, eine bloße Parodie des scholastischen Realismus und zugleich des Spinozismus, welches Monstrum auch noch von der Kehrseite das Christentum vorstellen soll, also

> *prósthe léon, ópithen de drákon, mésse de chímaira*
> (*ora leonis erant, venter capra, cauda draconis*)
> [vorn ein Löwe, von hinten ein Drache, eine Ziege in der Mitte,
> Homer, *Ilias*, VI, 181]

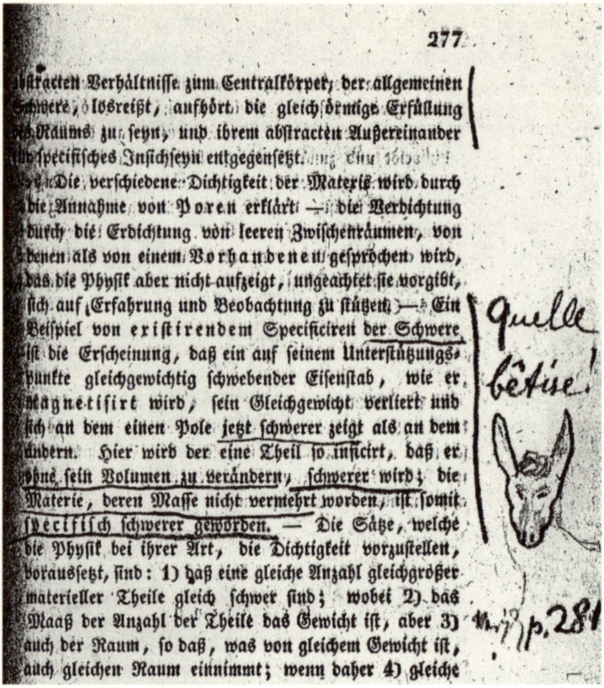
277

stracten Verhältnisse zum Centralkörper, der allgemeinen
were, losreißt, aufhört die gleichförmige Erfüllung
Raums zu seyn, und ihrem abstracten Außereinander
specifisches Insichseyn entgegensetzt.
Die verschiedene Dichtigkeit der Materie wird durch
die Annahme von Poren erklärt — die Verdichtung
durch die Erdichtung von leeren Zwischenräumen, von
denen als von einem Vorhandenen gesprochen wird,
das die Physik aber nicht aufzeigt, ungeachtet sie vorgibt,
sich auf Erfahrung und Beobachtung zu stützen. — Ein
Beispiel von existirendem Specificiren der Schwere
ist die Erscheinung, daß ein auf seinem Unterstützungs-
punkte gleichgewichtig schwebender Eisenstab, wie er
magnetisirt wird, sein Gleichgewicht verliert und
sich an dem einen Pole jetzt schwerer zeigt als an dem
andern. Hier wird der eine Theil so inficirt, daß er
ohne sein Volumen zu verändern, schwerer wird; die
Materie, deren Masse nicht vermehrt worden, ist somit
specifisch schwerer geworden. — Die Sätze, welche
die Physik bei ihrer Art, die Dichtigkeit vorzustellen,
voraussetzt, sind: 1) daß eine gleiche Anzahl gleichgroßer
materieller Theile gleich schwer sind; wobei 2) das
Maaß der Anzahl der Theile das Gewicht ist, aber 3)
auch der Raum, so daß, was von gleichem Gewicht ist,
auch gleichen Raum einnimmt; wenn daher 4) gleiche

Schopenhauers Randkritzelei in seinem Handexemplar von Hegels „Enzyklopädie der philosophischen Wissenschaften im Grundrisse", § 293. Siehe seine Bemerkung in diesem Band, S. 59

so würde ich Recht haben. Wenn ich ferner sagte, dieser *summus philosophus* der Dänischen Akademie habe Unsinn geschmiert, wie kein Sterblicher je vor ihm, so daß, wer sein gepriesenstes Werk, die sogenannte *Phänomenologie des Geistes*, lesen könne, ohne daß ihm dabei zu Mute würde, als wäre er im Tollhause, – hineingehöre; so würde ich nicht minder Recht haben.

Die ganze Literargeschichte alter und neuer Zeit, hat kein Beispiel von falschem Ruhme aufzuweisen, welches dem der Hegelschen Philosophie an die Seite zu stellen wäre. Nie und nirgends ist das ganz Schlechte, das handgreiflich Falsche, Absurde, ja, offenbar Unsinnige und dazu noch, dem Vortrage nach in höchstem Grade Widerwärtige und Ekelhafte mit solcher empörender Frechheit, solcher eisernen Stirn, als die höchste Weisheit und das Herrlichste, was je die Welt gesehn, gepriesen worden, wie jene durchaus wertlose Afterphilosophie. [...] Über ein Vierteljahrhundert lang hat jener frech zusammengelogene Ruhm für echt gegolten und hat die *bestia trionfante* in der deutschen Gelehrtenrepublik floriert und regiert, so sehr, daß selbst die wenigen Gegner dieser Narrheit es doch nicht wagten, von dem miserabeln Urheber derselben anders, als von einem seltenen Genie und großen Geiste, und mit den tiefsten Reverenzen zu reden. Aber was hieraus folgt, wird man zu schließen nicht unterlassen; daher denn allezeit, in der Literargeschichte, diese Periode als ein bleibender Schandfleck der Nation und des Zeitalters figurieren und der Spott der Jahrhunderte sein wird: mit Recht!

Die Heilige Schrift

Man kann nicht zweien Herren dienen: also entweder der Vernunft oder der Schrift.

Herbart

Das Denken mit Querköpfen, oder mit solchen, die sich ihren Verstand verkehrt angezogen haben, von denen Herbart ein Beispiel ist, verdirbt den Kopf.

Die Hölle

Sensu proprio genommen wird hier das Dogma empörend. Denn nicht nur läßt es, vermöge seiner ewigen Höllenstrafen, die Fehltritte, oder sogar den Unglauben, eines oft kaum zwanzigjährigen Lebens durch endlose Qualen büßen, sondern es kommt hinzu, daß diese fast allgemeine Verdammnis eigentlich Wirkung der Erbsünde und also notwendige Folge des ersten Sündenfalles ist. Diesen nun aber hätte jedenfalls Der vorhersehn müssen, welcher die Menschen erstlich nicht besser, als sie sind, geschaffen, dann aber ihnen eine Falle gestellt hatte, in die er wissen mußte, daß sie gehn würden, da alles miteinander sein Werk war und ihm nichts verborgen bleibt. Demnach hätte er ein schwaches, der Sünde unterworfenes Geschlecht aus dem Nichts ins Dasein gerufen, um es sodann endloser Qual zu übergeben. Endlich kommt noch hinzu, daß der Gott, welcher Nachsicht und Vergebung jeder Schuld, bis zur Feindesliebe, vorschreibt, keine übt, sondern vielmehr in das Gegenteil verfällt; da eine Strafe, welche am Ende der Dinge eintritt, wann alles vorüber und auf immer am Ende ist, weder Besserung noch Abschrekkung bezwecken kann, also bloße Rache ist. Sogar aber erscheint, so betrachtet, in der Tat das ganze Geschlecht als zur ewigen Qual und Verdammnis geradezu bestimmt und ausdrücklich geschaffen, – bis auf jene wenigen Ausnahmen, welche, durch die Gnadenwahl, man weiß nicht warum, gerettet werden. Diese aber bei Seite gesetzt, kommt es heraus, als hätte der liebe Gott die Welt geschaffen, damit der Teufel sie holen solle; wonach er denn viel besser getan haben würde, es zu unterlassen.

I

Der kategorische Imperativ – ein Ruhepolster für Esel

Überhaupt ist es jetzt wirklich an der Zeit, daß die Ethik ein Mal ernstlich ins Verhör genommen werde. Seit mehr als einem halben Jahrhundert liegt sie auf dem bequemen Ruhepolster, welches Kant ihr untergebreitet hatte: dem kategorischen Imperativ der praktischen Vernunft. In unsern Tagen jedoch wird dieser meistens unter dem weniger prunkenden, aber glatteren und kurrenteren Titel „das Sittengesetz" eingeführt, unter welchem er, nach einer leichten Verbeugung vor Vernunft und Erfahrung, unbesehen durchschlüpft: ist er aber ein Mal im Hause, dann wird des Befehlens und Kommandierens kein Ende; ohne daß er je weiter Rede stände. – Daß Kant, als der Erfinder der Sache, und nachdem er gröbere Irrtümer dadurch verdrängt hatte, sich dabei beruhigte, war recht und notwendig. Aber nun sehen zu müssen, wie auf dem von ihm gelegten und seitdem immer breiter getretenen Ruhepolster jetzt sogar die Esel sich wälzen, – das ist hart: ich meine die täglichen Kompendienschreiber, die, mit der gelassenen Zuversicht des Unverstandes, vermeinen, die Ethik begründet zu haben, wenn sie nur sich auf jenes unserer *Vernunft* angeblich einwohnende *Sittengesetz* berufen, und dann getrost jenes weitschweifige und konfuse Phrasengewebe darauf setzen, mit dem sie die klarsten und einfachsten Verhältnisse des Lebens unverständlich zu machen verstehen; – ohne bei solchem Unternehmen jemals sich ernstlich gefragt zu haben, ob denn auch wirklich so ein *Sittengesetz*, als bequemer Kodex der Moral, in unserm Kopf, Brust oder Herzen geschrieben stehe. Daher bekenne ich das besondere Vergnügen, mit dem ich jetzt daran gehe, der Moral das breite Ruhepolster wegzuziehen, und spreche unverhohlen mein Vorhaben aus, die praktische Vernunft und den kategorischen Imperativ Kants als völlig unberechtigte, grundlose und erdichtete Annahmen nachzuweisen.

Das Individuum

Vom *allgemeinen* Standpunkt aus [...] redet die Natur so: „Das Individuum ist nichts und weniger als nichts. Millionen Individuen zerstöre ich tagtäglich, zum Spiel und Zeitvertrieb: ich gebe ihr Geschick dem launigsten und mutwilligsten meiner Kinder preis, dem Zufall, der nach Belieben auf sie Jagd macht. Millionen neuer Individuen schaffe ich jeden Tag, ohne alle Verminderung meiner hervorbringenden Kraft; so wenig, wie die Kraft eines Spiegels erschöpft wird, durch die Zahl der Sonnenbilder, die er nach einander auf die Wand wirft. Das Individuum ist nichts".

Das Indogermanische

Von der Sprache der alten Germanen ist uns nichts bekannt, und ich erlaube mir zu mutmaßen, daß solche eine von der gotischen, also auch der unserigen, ganz verschieden gewesen sein mag: wir sind, *wenigstens* der Sprache nach, *Goten*. Nichts aber empört mich mehr als der Ausdruck: *indogermanische* Sprachen, – d.h. die Sprache der Veden unter einen Hut gebracht mit dem etwaigen Jargon besagter Bärenhäuter.

J

Jargon der Gedankenleere

Um den Mangel an wirklichen Gedanken zu verbergen, machen manche sich einen imponierenden Apparat von langen, zusammengesetzten Worten, intrikaten Floskeln, unabsehbaren Perioden, neuen und unerhörten Ausdrücken, welches alles zusammen dann einen möglichst schwierigen und gelehrt klingenden Jargon abgibt. Jedoch sagen sie, mit dem allen, – nichts: man empfängt keine Gedanken, fühlt seine Einsicht nicht vermehrt, sondern muß aufseufzen: „Das Klappern der Mühle höre ich wohl, aber das Mehl sehe ich nicht"; oder auch, man sieht nur zu deutlich, welche dürftige, gemeine, platte und rohe Ansichten hinter dem hochtrabenden Bombast stecken.

Journalisten

Eine große Menge schlechter Schriftsteller lebt allein von der Narrheit des Publikums, nichts lesen zu wollen, als was heute gedruckt ist: – die Journalisten. Treffend benannt! Verdeutscht würde es heißen „Tagelöhner".

Übertreibung in jeder Art ist der Zeitungsschreiberei eben so wesentlich, wie der dramatischen Kunst: Denn es gilt, aus jedem Vorfall möglichst viel zu machen. Daher auch sind alle Zeitungsschreiber, von Handwerks wegen, Alarmisten: Dies ist ihre Art, sich interessant zu machen. Sie gleichen aber dadurch den kleinen Hunden, die bei allem, was sich irgend regt, sogleich ein lautes Gebell erheben. Hiernach hat man seine

Beachtung ihrer Alarmtrompete abzumessen, damit sie keinem die Verdauung verderbe.

Die Juden

Auch das auserwählte Volk Gottes laß uns nicht vergessen, welches, nachdem es, in Ägypten, auf Jehovas ausdrücklichen Spezialbefehl, seinen alten, zutrauensvollen Freunden die dargeliehenen goldenen und silbernen Gefäße gestohlen hatte, nunmehr, den Mörder Moses an der Spitze, seinen Mord- und Raubzug ins gelobte Land antrat, um es, als „Land der Verheißung", auf des selben Jehovas ausdrücklichen, stets wiederholten Befehl, nur ja kein Mitleid zu kennen, unter völlig schonungslosem Morden und Ausrotten aller Bewohner, selbst der Weiber und Kinder (*Josua*, c. 10 und 11) den rechtmäßigen Besitzern zu entreißen, – weil sie eben nicht beschnitten waren und den Jehova nicht kannten, welches Grund genug war, alle Greuel gegen sie zu rechtfertigen; wie ja, aus demselben Grunde, auch früher die infame Schurkerei des Patriarchen Jakob und seiner Auserwählten gegen Hemor, den König von Salem, und sein Volk (1 *Mos.* 34) wird uns ganz glorreich erzählt, weil ja eben die Leute Ungläubige waren.

Das Judentum und die Rechtlosigkeit der Tiere

Die vermeinte Rechtlosigkeit der Tiere, der Wahn, daß unser Handeln ihnen gegenüber ohne moralische Bedeutung sei, oder, wie es in der Sprache jener Moral heißt, daß es gegenüber Tieren keine Pflichten gebe, ist geradezu eine empörende Rohcit und Barbarei des Okzidents, deren Quelle im Judentum liegt.

Jüdische Naturauffassung

Offenbar ist es an der Zeit, daß der jüdischen Naturauffassung in Europa, wenigstens hinsichtlich der Tiere, ein Ende werde und *das ewige Wesen, welches, wie in uns, auch in allen Tieren lebt*, als solches erkannt, geschont und geachtet werde. Wißt es, merkt es! Es ist Ernst damit und geht nichts davon ab, und wenn ihr ganz Europa mit Synagogen bedeckt.

Jung-Stilling

Aber wirklich empörend ist es, wenn der so überaus christlich gesinnte und fromme Jung-Stilling, in seinen *Szenen aus dem Geisterreich* (Bd. II, Szene 1, S. 15) folgendes Gleichnis anbringt: „Plötzlich schrumpfte das Gerippe in eine unbeschreiblich scheußliche, kleine Zwerggestalt zusammen; so wie eine große Kreuzspinne, wenn man sie in den Brennpunkt eines Zündglases bringt und nun das eiterähnliche Blut in der Glut zischt und kocht". Also eine solche Schandtat hat dieser Mann Gottes verübt, oder als ruhiger Beobachter mit angesehn, – welches, in diesem Falle, auf eins hinausläuft; – ja, er hat so wenig ein arges daraus, daß er sie uns beiläufig, ganz unbefangen erzählt! Das sind die Wirkungen des ersten Kapitels der *Genesis* und überhaupt der ganzen jüdischen Naturauffassung. [...] Geht mir mit euerer allervollkommensten Moral.

K

Kant

Wenn mir jetzt [...] zur Aufheiterung ein scherzhaftes, ja, frivoles Gleichnis gestattet sein sollte, so würde ich Kant, in jener Selbstmystifikation, mit einem Manne vergleichen, der, auf einem Maskenball, den ganzen Abend mit einer maskierten Schönen buhlt, im Wahn, eine Eroberung zu machen; bis sie am Ende sich entlarvt und zu erkennen gibt – als seine Frau.

Kant und das Recht zu lügen

Die, auf Kants Veranlassung, in manchen Kompendien gegebenen Ableitungen der Unrechtmäßigkeit der Lüge, aus dem *Sprachvermögen* des Menschen, sind so platt, kindisch und abgeschmackt, daß man, um ihnen Hohn zu sprechen, versucht werden könnte, sich dem Teufel in die Arme zu werfen und mit Talleyrand zu sagen: *l'homme a reçu la parole pour pouvoir cacher sa pensée* [Der Mensch hat die Sprache erhalten, um seine Gedanken verbergen zu können].

Wer in dem Hause, in welchem ein Mann, um dessen Tochter er wirbt, wohnt, angetroffen und nach der Ursache seiner unvermuteten Anwesenheit gefragt wird, gibt, wenn er nicht auf den Kopf gefallen ist, unbedenklich eine falsche an.

Kants Nachfolger

Wie sollten auch die schon in frischer Jugend durch den Unsinn der Hegelei verrenkten und verdorbenen Köpfe noch fähig sein, Kants tiefsinnigen Untersuchungen zu folgen? Sie sind früh gewöhnt, den hohlsten Wortkram für philosophische Gedanken, die armseligsten Sophismen für Scharfsinn, und läppischen Aberwitz für Dialektik zu halten, und durch das Aufnehmen rasender Wortzusammenstellungen, bei denen etwas zu denken der Geist sich vergeblich martert und erschöpft, sind ihre Köpfe desorganisiert. Für sie gehört keine Kritik der Vernunft, für sie keine Philosophie: für sie gehört eine *medicina mentis* [Arznei für den Verstand], zunächst als Kathartikon etwa *un petit cours de senscommunologie* [ein kleiner Lehrgang in gesundem Menschenverstand] und dann muß man weiter sehen, ob bei ihnen noch jemals von Philosophie die Rede sein kann.

Nach Kants Glanzperiode

Auf Kants Glanzperiode folgte in deutscher Philosophie unmittelbar eine andere, in welcher man sich bestrebte, statt zu überzeugen, zu imponieren; statt gründlich und klar, glänzend und hyperbolisch, zumal aber unverständlich zu sein; ja sogar, statt die Wahrheit zu suchen, zu intrigieren. Dabei konnte die Philosophie keine Fortschritte machen. Endlich kam es zum Bankrott dieser ganzen Schule und Methode. Denn in Hegel und seinen Gesellen hatte die Frechheit des Unsinnsschmierens einerseits und die des gewissenlosen Anpreisens andererseits, nebst der augenfälligen Absichtlichkeit des ganzen saubern Treibens, eine so kolossale Größe erreicht, daß endlich allen die Augen über die ganze Scharlatanerie aufgehn mußten, und als, in Folge gewisser Enthüllungen, der Schutz von oben der Sache entzogen wurde, auch der Mund. Die Fichteschen und Schellingschen Antezedenzien dieser elendesten aller je gewesenen Philosophastereien wurden von ihr nachgezogen in den Abgrund des Diskredits. Dadurch kommt nunmehr die gänzliche philosophische Inkompetenz der ersten Hälfte des auf Kant in Deutschland folgenden Jahrhunderts an den Tag, während man sich, dem Auslande gegenüber, mit den philosophischen Gaben der Deutschen brüstet – besonders seitdem ein englischer Schriftsteller die boshafte Ironie gehabt hat, sie ein Volk von Denkern zu nennen.

In der Kantischen Philosophie ist stark die Rede vom *immanenten* und *transzendenten* Gebrauch, nebst Gültigkeit, unsrer Erkenntnisse: auf dergleichen gefährliche Unterscheidungen sich einzulassen, wäre freilich für unsere Spaßphilosophen nicht geraten. Aber die Ausdrücke hätten sie doch gar zu gern, weil sie so gelehrt klingen. Da bringen sie diese denn so an, daß, weil ja doch ihre Philosophie zum Hauptgegenstande immer nur den lieben Gott hat, welcher daher auch als ein guter alter Bekannter, der keiner Einführung bedarf, darin auftritt, sie nun disputieren, ob er in der Welt drinne stecke, oder aber draußen bleibe, d.h. also in einem Raume, wo keine Welt ist, sich aufhalte: im ersten Falle nun titulieren sie ihn *immanent*, und im andern *transzendent*, tun dabei natürlich höchst ernsthaft und gelehrt, reden Hegeljargon dazu, und es ist ein allerliebster Spaß, – der nur uns älteren Leute an den Kupferstichen in Falks satirischem Almanach erinnert, welcher Kant darstellt, im Luftballon gen Himmel fahrend und seine sämtliche Garderobenstücke, nebst Hut und Perücke, herabwerfend auf die Erde, woselbst Affen sie auflesen und sich damit schmücken.

Alle Philosophaster und Phantasten, den Atheistendenunzianten F.H. Jacobi an der Spitze, strömten nach diesem ihnen unerwartet aufgegangenen Pförtlein hin, um ihre Sächelchen zu Markte zu bringen, oder um von den alten Erbstücken, welche Kants Lehre zu zermalmen drohte, wenigstens das Liebste zu retten. – Wie im Leben des Einzelnen *ein* Fehltritt der Jugend oft den ganzen Lebenslauf verdirbt, so hatte jene einzige von Kant gemachte falsche Annahme einer mit völlig transzendenten Kreditiven ausgestatteten und, wie die höchsten Appellationshöfe, „ohne Gründe" entscheidenden, praktischen Vernunft zur Folge, daß aus der strengen, nüchternen kritischen Philosophie die ihr heterogensten Lehren entsprangen, die Lehren von einer das „*Übersinnliche*" erst bloß leise „*ahndenden*", dann schon deutlich „*vernehmenden*", endlich gar leibhaftig „*intellektual anschauenden*" Vernunft, für deren „absolute", d.h. *ex tripode* gegebene, Aussprüche und Offenbarungen jetzt jeder Phantast seine Träumereien ausgeben konnte. Dies neue Privilegium ist redlich benutzt worden. Hier also liegt der Ursprung jener unmittelbar nach Kants Lehre auftretenden philosophischen Methode, die im Mystifizieren, Imponieren, Täuschen, Sand in die Augen streuen und Windbeuteln besteht, deren Zeitraum die Geschichte der Philosophie einst unter dem Titel „Periode der Unredlichkeit" anführen wird. Denn der *Charakter der Redlichkeit*, des gemeinschaftlichen Forschens mit dem Leser, welchen die Schriften aller früheren Philosophien tragen, ist hier verschwunden: nicht belehren, sondern betören will der Philosophaster dieser Zeit seinen Leser: davon zeugt jede Seite. Als Heroen dieser Periode glänzen Fichte und Schelling, zuletzt aber auch der selbst ihrer ganz unwürdige und sehr viel tiefer als diese Talent-Männer stehende, plumpe, geistlose Scharlatan Hegel. Den Choros machten allerlei Philosophieprofessoren, welche, mit ernsthaften Miene, vom Unendlichen, vom Absoluten und vielen andern Dingen, von denen sie schlechterdings nichts wissen konnten, ihrem Publikum vorerzählten.

Das Kartenspiel

Ganz besonders zeigt das Bedürfnis der Willenserregung sich an der Erfindung und Erhaltung der Kartenspieles, welches recht eigentlich der Ausdruck der kläglichen Seite der Menschheit ist.

In allen Ländern ist die Hauptbeschäftigung aller Gesellschaft das Kartenspiel geworden: Es ist der Maßstab des Wertes derselben und der deklarierte Bankrott an allen Gedanken. Weil sie nämlich keine Gedanken auszutauschen haben, tauschen sie Karten aus und suchen einander Gulden abzunehmen. O, klägliches Geschlecht!

Das Kartenspiel hat einen demoralisierenden Einfluß. Der Geist des Spiels nämlich ist, daß man auf alle Weise, durch jeden Streich und jeden Stich, dem andern das seinige abgewinne. Aber die Gewohnheit, im Spiel so zu verfahren, wurzelt ein, greift über in das praktische Leben, und man kommt allmählich dahin, in den Angelegenheiten des Mein und Dein es eben so zu machen und jeden Vorteil, den man eben in der Hand hält, für erlaubt zu halten, sobald man nur es gesetzlich darf.

Kathedergelehrte

Man muß bedenken, daß vielen Gelehrten das unablässige Lehren vom Katheder und in Schriften zum gründlichen Lernen nur wenig Zeit läßt. Das *docendo disco* [lehrend lerne ich] ist nicht unbedingt wahr, vielmehr möchte man bisweilen es parodieren: *semper docendo, nihil disco* [indem ich immer lehre, lerne ich nichts]; und sogar ist nicht ganz ohne Grund, was Diderot dem Neffen Rameaus in den Mund legt: „Und diese Lehrer, glaubt ihr denn, daß sie die Wissenschaften verstehen werden, worin sie Unterricht geben? Possen, lieber Herr, Possen. Besäßen sie Kenntnisse hinlänglich, um sie zu lehren, so lehrten sie sie nicht." – „Und warum?"– „Sie hätten ihr Leben verwendet, sie zu studieren."

Öffentliche Lehrstühle gebühren allein den bereits geschaffenen, wirklich vorhandenen Wissenschaften, welche man daher eben nur gelernt zu haben braucht, um sie lehren zu können, die also im Ganzen bloß weiter zu geben sind, wie das auf dem schwarzen Brette gebräuchliche *tradere* besagt; wobei es jedoch den fähigeren Köpfen unbenommen bleibt, sie zu bereichern, zu berichtigen, und zu vervollkommnen. Aber eine Wissenschaft, die noch gar nicht existiert, die ihr Ziel noch nicht erreicht hat, nicht ein Mal ihren Weg sicher kennt, ja deren Möglichkeit noch bestritten wird, eine solche Wissenschaft durch Professoren lehren zu lassen ist eigentlich absurd. Die natürliche Folge davon ist, daß jeder von diesen glaubt, sein Beruf sei, die noch fehlende Wissenschaft zu schaffen; nicht bedenkend, daß einen solchen Beruf nur die Natur, nicht aber das Ministerium des öffentlichen Unterrichts erteilen kann. Er versucht es daher, so gut es gehn will, setzt baldigst seine Mißgeburt in die Welt und gibt sie für die lang ersehnte Sophia aus, wobei es an einem dienstwilligen Kollegen, der bei ihrer Taufe als solcher zu Gevatter steht, gewiß nicht fehlen wird. Danach werden dann die Herren, weil sie ja von der Philosophie leben, so dreist, daß sie sich *Philosophen* nennen, und demnach auch vermeinen, ihnen gebühre das große Wort und die Entscheidung in Sachen der Philosophie, ja, daß sie am Ende gar noch *Philosophenversammlungen* (eine *contradictio in adjecto* [Selbstwiderspruch], da Philosophen selten im Dual und fast nie im Plural zugleich auf der Welt sind) ansagen und dann scharenweise zusammenlaufen, das Wohl der Philosophie zu beraten!

Klio, die Muse der Geschichtswissenschaft

Die Geschichtsmuse Klio ist mit der Lüge durch und durch infiziert, wie eine Gassenhure mit der Syphilis.

Das Kloster

Ein *Kloster* ist ein Zusammentreten von Menschen, die Armut, Keuschheit, Gehorsam (d.i. Entsagung dem Eigenwillen) gelobt haben und sich durch das Zusammenleben teils die Existenz selbst, noch mehr aber jenen Zustand schwerer Entsagung zu erleichtern suchen, indem der Anblick ähnlich Gesinnter und auf gleiche Weise Entsagender ihren Entschluß stärkt und sie tröstet [...]. Dies ist der Normalbegriff der *Klöster*. Und wer kann eine solche Gesellschaft einen Verein von Toren und Narren nennen, wie man doch nach jeder Philosophie außer meiner muß?

Koitus und Schwangerschaft

Der Koitus ist hauptsächlich die Sache des Mannes; die Schwangerschaft ganz allein des Weibes.

Konstitutionelle Könige

Die konstitutionellen Könige haben eine unleugbare Ähnlichkeit mit den Göttern Epikuros, als welche, ohne sich in die menschlichen Angelegenheiten zu mischen, in ungestörter Seligkeit und Gemütsruhe, da oben in ihrem Himmel sitzen.

L

Der Lärm

Der Lärm ist die impertinenteste aller Unterbrechungen, da er sogar unsere eigene Gedanken unterbricht, ja, zerbricht. Wo jedoch nichts zu unterbrechen ist, da wird er freilich nicht sonderlich empfunden werden.

Das Leben

Das Leben gleicht einer Seifenblase, die wir so lang als möglich erhalten und aufblasen, doch mit der festen Gewißheit, daß sie platzen wird.

Das Leben schwingt, gleich einem Pendel, hin und her, zwischen dem Schmerz und der Langeweile.

Das Leben der allermeisten ist nur ein steter Kampf um diese Existenz selbst, mit der Gewißheit ihn zuletzt zu verlieren.

Das Leben ist ein Meer voller Klippen und Strudel, die der Mensch mit der größten Behutsamkeit und Sorgfalt vermeidet, obwohl er weiß, daß, wenn es ihm auch gelingt, mit aller Anstrengung und Kunst sich durchzuwinden, er eben dadurch mit jedem Schritt dem größten, dem totalen, dem unvermeidlichen und unheilbaren Schiffbruch näher kommt, ja gerade auf ihn zusteuert, dem *Tode*: Dieser ist das endliche Ziel der mühseligen Fahrt und für ihn schlimmer als alle Klippen, denen er auswich.

Zwischen Wollen und Erreichen fließt nun durchaus jedes Menschenleben fort. Der Wunsch ist, seiner Natur nach, Schmerz: die Erreichung gebiert schnell Sättigung: das Ziel war nur scheinbar: Der Besitz nimmt den Reiz weg: unter einer neuen Gestalt stellt sich der Wunsch, das Bedürfnis wieder ein: wo nicht, so folgt Öde, Leere, Langeweile, gegen welche der Kampf ebenso quälend ist, wie gegen die Not.

Das Leben jedes Einzelnen ist, wenn man es im ganzen und allgemeinen übersieht und nur die bedeutsamsten Züge heraushebt, eigentlich immer ein Trauerspiel; aber im einzelnen durchgegangen, hat es den Charakter des Lustspiels.

Das Leben stellt sich dar als ein fortgesetzter Betrug, im Kleinen wie im Großen.

Das Leben ist ein Übel. Das Leben ist ein Schleier, der das Sein verbirgt; es ist eine Last, die der Wille schleppt! Das Leben ist Verfall, es ist der große Sündenfall!

Das Leben stellt sich dar als eine Aufgabe, ein Pensum zum Abarbeiten, und daher, in der Regel, als ein steter Kampf gegen die Not. Demnach sucht jeder durch und davon zu kommen, so gut es gehen will: er tut das Leben ab, wie einen Frohndienst, welchen er schuldig war. Wer aber hat diese Schuld kontrahiert? – Sein Erzeuger, im Genuß der Wollust. Also dafür, daß der eine diese genossen hat, muß der andere leben, leiden und sterben.

Das Leben ist durchaus anzusehn als eine *strenge Lektion*, die uns erteilt wird, wenngleich wir, mit unsern auf ganz andere Zwecke angelegten Denkformen, nicht verstehn können, wie wir haben dazu kommen können, ihrer zu bedürfen.

Leibniz

Glaubt ihr etwa, mit Leibniz, daß die wirkliche Welt die beste aller möglichen sei? Ich kenne kaum die wirkliche Welt und habe nicht die Ehre, die möglichen zu kennen.

Es läßt sich den handgreiflich sophistischen Beweisen Leibnizens, daß diese Welt die beste unter den möglichen sei, erstlich und ehrlich der Beweis entgegenstellen, daß sie die *schlechteste* unter den möglichen sei.

Das Lesen

Lesen heißt mit einem fremden Kopfe, statt des eigenen, denken.

Die Lesewut der meisten Gelehrten ist eine Art *fuga vacui* der Gedankenleere ihres eigenen Kopfes, welche nun das Fremde mit Gewalt hereinzieht: Um Gedanken zu haben, müssen sie welche lesen, wie die leblosen Körper nur von außen Bewegung erhalten; während die Selbstdenker den lebendigen gleichen, die sich von selbst bezeugen.

In Hinsicht auf unsere Lektüre ist die Kunst, *nicht* zu lesen, höchst wichtig. Sie besteht darin, daß man das, was zu jeder Zeit soeben das größere Publikum beschäftigt, nicht auch deshalb in die Hand nehme; wie etwa politische oder literarische Pamphlete, Romane, Poesien und dergleichen mehr, die gerade eben Lärm machen, wohl gar zu mehreren Auflagen in ihrem ersten und letzten Lebensjahre gelangen.

Zu verlangen, daß einer alles, was er je gelesen, behalten hätte, ist wie verlangen, daß er alles, was er je gegessen hat, noch in sich trüge.

Leseratten

Die Leute, welche ihr Leben mit Lesen zugebracht und ihre Weisheit aus Büchern geschöpft haben, gleichen denen, welche aus vielen Reisebeschreibungen sich genaue Kunde von einem Lande erworben haben. Diese können über vieles Auskunft erteilen: aber im Grunde haben sie doch keine zusammenhängende, deutliche, gründliche Kenntnis von der Beschaffenheit des Landes. Hingegen die, welche ihr Leben mit Denken zugebracht haben, gleichen solchen, die selbst in jenem Lande gewesen sind: Sie allein wissen eigentlich, wovon die Rede ist, kennen die Dinge dort im Zusammenhang und sind wahrhaft darin zu Hause.

Liebe

Ein wollüstiger Wahn ist es, der dem Manne vorgaukelt, er werde in den Armen eines Weibes von der ihm zusagenden Schönheit einen größern Genuß finden, als in denen eines jeden andern; oder der gar, ausschließlich auf ein *einziges* Individuum gerichtet, ihn fest überzeugt, daß dessen Besitz ihm ein überschwengliches Glück gewähren werde.

Wenn wir nun [...] in das Gewühl des Lebens hineinschauen, erblicken wir alle mit der Not und Plage desselben beschäftigt, alle Kräfte anstrengend, die endlosen Bedürfnisse zu befriedigen und das vielgestaltete Leiden abzuwehren, ohne jedoch etwas anderes dafür hoffen zu dürfen, als eben die Erhaltung dieses geplagten, individuellen Daseins, eine kurze Spanne Zeit hindurch. Dazwischen aber, mitten in dem Getümmel, sehen wir die Blicke zweier Liebenden sich sehnsüchtig begegnen: – jedoch warum so heimlich, furchtsam und verstohlen? – Weil diese Liebenden die Verräter sind, welche heimlich danach trachten, die ganze Not und Plackerei zu perpetuieren, die sonst ein baldiges Ende erreichen würde, welches sie vereiteln wollen, wie ihres Gleichen es früher vereitelt haben.

Geistige Liebe

Es ist ein Weib, Diotima, das Sokrates die Wissenschaft der geistigen Liebe beigebracht hatte; und es ist Sokrates, der göttliche Sokrates, der, um mühelos den Weltschmerz zu perennieren, der Nachwelt diese unheilvolle Wissenschaft durch seine Schüler weitergegeben hat.

Liebe zu den Kindern

Die ursprüngliche Mutterliebe ist, wie bei den Tieren, so auch im Menschen, rein *instinktiv*, hört daher mit der physischen Hilflosigkeit der Kinder auf. [...] Die Liebe des Vaters zu seinen Kindern ist anderer Art und stichhaltiger: sie beruht auf einem Wiedererkennen seines eigenen innersten Selbst in ihnen, ist also metaphysischen Ursprungs.

Liebe in Zeiten der Seuche

Die venerische Krankheit erstreckt ihren Einfluß viel weiter, als es auf den ersten Blick scheinen möchte, indem derselbe keineswegs ein bloß physischer, sondern auch ein moralischer ist. Seitdem Amors Köcher auch vergiftete Pfeile führt, ist in das Verhältnis der Geschlechter zu einander ein fremdartiges, feindseliges, ja teuflisches Element gekommen; in Folge wovon ein finsteres und furchtsames Mißtrauen es durchzieht.

Literargeschichte – in Schweinsleder

Die *Literargeschichte* ist, ihrem größten Teil nach, der Katalog eines Kabinetts von Mißgeburten. Der Spiritus, in welchem diese sich am längsten konservieren, ist Schweinsleder.

Literaturkritiker

Kritiker gibt es, deren jeder vermeint, bei ihm stände es, was gut und was schlecht sein solle; indem er seine Kindertrompete für die Posaune der Fama hält.

Lügen

Wie unser Leib in die Gewänder, so ist unser Geist in *Lügen* verhüllt. Unser Reden, Tun, unser ganzes Wesen, ist lügenhaft: und erst durch diese Hülle hindurch kann man bisweilen unsere wahre Gesinnung erraten, wie durch die Gewänder hindurch die Gestalt des Leibes.

Luther als Bibelübersetzer

Die Lutherische Übersetzung erscheint zugleich gemein und fromm, ist auch oft unrichtig, bisweilen wohl mit Absicht, und durchaus im kirchlichen, erbaulichen Ton gehalten.

M

Männer und Frauen

Als die Natur das Menschengeschlecht in zwei Teile spaltete, hat sie den Schnitt nicht gerade durch die Mitte geführt. Bei aller Polarität ist der Unterschied des positiven vom negativen Pol kein bloß qualitativer, sondern zugleich ein quantitativer. – So haben eben auch die Alten und die orientalischen Völker die Weiber angesehn und danach die ihnen angemessene Stellung viel richtiger erkannt, als wir, mit unserer altfranzösischen Galanterie und abgeschmackten Weiberveneration, dieser höchsten Blüte christlich-germanischer Dummheit, welche nur gedient hat, sie so arrogant und rücksichtslos zu machen, daß man bisweilen an die heiligen Affen in Benares erinnert wird, welche, im Bewußtsein ihrer Heiligkeit und Unverletzlichkeit, sich alles und jedes erlaubt halten.

Marco Polo und die großen Weltreisenden

Dies leisten Reisen in sehr entlegene und wenig besuchte Länder: Man wird berühmt durch das, was man gesehn, nicht durch das, was man gedacht hat.

Die Masse

Der große Haufe hat Augen und Ohren, aber nicht viel mehr, zumal blutwenig Urteilskraft und selbst wenig Gedächtnis.

Der große Haufe denkt gar wenig; weil ihm Zeit und Übung hierzu mangelt. So aber bewahrt er zwar seine Irrtümer sehr lange, ist dagegen aber auch nicht, wie die gelehrte Welt, eine Wetterfahne der gesamten Windrose täglich wechselnder Meinungen. Und dies ist sehr glücklich: Denn die große, schwere Masse sich in so rascher Bewegung vorzustellen, ist ein schrecklicher Gedanke, zumal wenn man dabei erwägt, was alles sie bei ihren Wendungen fortreißen und umstoßen würde.

Die Meinung anderer

In der Tat überschreitet der Wert, den wir auf die Meinung anderer legen, und unsere beständige Sorge in betreff derselben, in der Regel, fast jede vernünftige Bezweckung, so daß sie als eine Art allgemein verbreiteter, oder vielmehr angeborener Manie angesehn werden kann.

Bei allem, was wir tun und lassen, wird, fast vor allem andern, die fremde Meinung berücksichtigt, und aus der Sorge um sie werden wir, bei genauer Untersuchung, fast die Hälfte aller Bekümmernisse und Ängste, die wir jemals empfunden haben, hervorgegangen sehn. Denn sie liegt allem unserm, so oft gekränkten, weil so krankhaft empfindlichen, Selbstgefühl, allen unsern Eitelkeiten und Prätentionen, wie auch unserm Prunken und Großtun, zum Grunde.

Der Mensch – ein egoistisches Lebewesen

Die Haupt- und Grundtriebfeder im Menschen, wie im Tiere, ist der *Egoismus*, d.h. der Drang zum Dasein und Wohldasein. [...] Der *Egoismus* ist, im Tiere, wie im Menschen, mit dem innersten Kern und Wesen desselben aufs genaueste verknüpft, ja, eigentlich identisch. Daher entspringen, in der Regel, alle seine Handlungen aus dem Egoismus, und aus diesem zunächst ist alle Mal die Erklärung einer gegebenen Handlung zu versuchen; wie denn auch auf denselben die Berechnung aller Mittel, dadurch man den Menschen nach irgend einem Ziele hinzulenken sucht, durchgängig gegründet ist. Der *Egoismus* ist, seiner Natur nach, grenzenlos: der Mensch will unbedingt sein Dasein erhalten, will es von Schmerzen, zu denen auch aller Mangel und Entbehrung gehört, unbedingt frei, will die größtmögliche Summe von Wohlsein, und will jeden Genuß, zu dem er fähig ist, ja, sucht womöglich noch neue Fähigkeiten zum Genusse in sich zu entwickeln. Alles, was sich dem Streben seines Egoismus entgegenstellt, erregt seinen Unwillen, Zorn, Haß: er wird es als einen Feind zu vernichten suchen. Er will womöglich alles genießen, alles haben; da aber dies unmöglich ist, wenigstens alles beherrschen: „Alles für mich, und nichts für die andern“, ist sein Wahlspruch. Der Egoismus ist kolossal: Er überragt die Welt.

Der Mensch – ein gebändigtes Raubtier

Kriminalgeschichten und Beschreibungen anarchischer Zustände muß man lesen, um zu erkennen, was, in moralischer Hinsicht, der Mensch eigentlich ist. Diese Tausende, die da, vor unsern Augen, im friedlichem Verkehr sich durcheinanderdrängen, sind anzusehen als eben so viele Tiger und Wölfe, deren Gebiß durch einen starken Maulkorb gesichert ist.

Der Mensch – ein geselliges Lebewesen

Eine Gesellschaft Stachelschweine drängte sich, an einem kalten Wintertage, recht nahe zusammen, um, durch die gegenseitige Wärme, sich vor dem Erfrieren zu schützen. Jedoch bald empfanden sie die gegenseitigen Stacheln; welches sie dann wieder von einander entfernte. Wann nun das Bedürfnis der

Erwärmung sie wieder näher zusammen brachte, wiederholte sich jenes zweite Übel; so daß sie zwischen beiden Leiden hin und hergeworfen wurden, bis sie eine mäßige Entfernung von einander herausgefunden hatten, in der sie es am besten aushalten konnten. – So treibt das Bedürfnis der Gesellschaft, aus der Leere und Monotonie des eigenen Innern entsprungen, die Menschen zu einander; aber ihre vielen widerwärtigen Eigenschaften und unerträglichen Fehler stoßen sie wieder von einander ab. Die mittlere Entfernung, die sie endlich herausfinden, und bei welcher ein Beisammensein bestehn kann, ist die Höflichkeit und feine Sitte. Dem, der sich nicht in dieser Entfernung hält, ruft man in England zu: *keep your distance!* – Vermöge derselben wird zwar das Bedürfnis gegenseitiger Erwärmung nur unvollkommen befriedigt, dafür aber der Stich der Stacheln nicht empfunden. – Wer jedoch viel eigene, innere Wärme hat, bleibt lieber aus der Gesellschaft weg, um keine Beschwerde zu geben, noch zu empfangen.

Der Mensch – ein Gift

Die sogenannten Menschen sind fast durchgängig nichts andres als Wassersuppen mit etwas Arsenik.

Der Mensch – eine Puppe

Ich rede bisweilen mit Menschen so wie das Kind mit seiner Puppe redet: Er weiß zwar, daß die Puppe es nicht versteht; schafft sich aber, durch eine angenehme wissentliche Selbsttäuschung, die Freude der Mitteilung.

Der Mensch – ein Schandfleck in der Natur

Es gibt auf der Welt nur *ein* lügenhaftes Wesen: es ist der *Mensch*. Jedes andere ist wahr und aufrichtig, indem es sich unverhohlen gibt als das, was es ist, und sich äußert, wie es sich fühlt. Ein emblematischer, oder allegorischer Ausdruck dieses Fundamentalunterschiedes ist, daß alle Tiere in ihrer natürlichen Gestalt umhergehn, was viel beiträgt zu dem so erfreulichen Eindruck ihres Anblicks, bei dem mir, zumal wenn es freie Tiere sind, stets das Herz aufgeht; – während der Mensch durch die Kleidung zu einem Fratz, einem Monstrum geworden ist, dessen Anblick schon dadurch widerwärtig ist, und nun gar unterstützt wird durch die ihm nicht natürliche weiße Farbe, und durch alle die ekelhaften Folgen widernatürlicher Fleischnahrung, spirituoser Getränke, des Tabaks, der Ausschweifungen und Krankheiten. Er steht da als ein Schandfleck in der Natur!

Der Mensch und die Tiere

Wie mich oft die Klugheit und bisweilen wieder die Dummheit meines Hundes in Erstaunen gesetzt hat; nichts anders ist es mir mit dem Menschengeschlecht gegangen. Unzählige Male hat mich die Unfähigkeit, gänzliche Urteilslosigkeit und Bestialität desselben in Entrüstung versetzt und habe ich in den alten Stoßseufzer

> *Humani generis mater nutrixque profecto*
> *stultitia est*
> [Mutter und Amme des Menschengeschlechts ist fürwahr die Dummheit]

einstimmen lassen.

Die Welt ist kein Machwerk und die Tiere kein Fabrikat zu unserm Gebrauch. [...] Den Zeloten und Pfaffen rate ich, hier nicht viel zu widersprechen: Denn dies Mal ist nicht allein die *Wahrheit*, sondern auch die *Moral* auf unserer Seite.

Der Mensch – ein Uhrwerk

Es ist wirklich unglaublich, wie nichtssagend und bedeutungsleer, von außen gesehen, und wie dumpf und besinnungslos, von innen empfunden, das Leben der allermeisten Menschen dahinfließt. Es ist ein mattes Sehnen und Quälen, ein träumerisches Taumeln durch die vier Lebensalter hindurch zum Tode, unter Begleitung einer Reihe trivialer Gedanken. Sie gleichen Uhrwerken, welche aufgezogen werden und gehen, ohne zu wissen warum; und jedes Mal, daß ein Mensch gezeugt und geboren worden, ist die Uhr des Menschenlebens aufs Neue aufgezogen, um jetzt ihr schon zahllose Male abgespieltes Leierstück abermals zu wiederholen, Satz vor Satz und Takt vor Takt, mit unbedeutenden Variationen.

Menschenliebe

Indem ich, um ohne Weitläufigkeit die Stärke dieser antimoralischen Potenz [des Egoismus] auszudrücken, darauf bedacht war, die Größe des Egoismus mit einem Zuge zu bezeichnen und deshalb nach irgend einer recht emphatischen Hyperbel suchte, bin ich zuletzt auf diese geraten: mancher Mensch wäre im Stande, einen andern totzuschlagen, bloß um mit dessen Fette sich die Stiefel zu schmieren. Aber dabei blieb mir doch der Skrupel, ob es auch wirklich eine Hyperbel sei.

Die Metaphysik der Kathederphilosophen

Bei den Kathederphilosophen ist das eigentliche und wesentliche Thema der Metaphysik die Auseinandersetzung des Verhältnisses Gottes zur Welt: die weitläufigsten Erörterungen desselben füllen ihre Lehrbücher. Diesen Punkt ins Reine zu bringen, glauben sie sich vor allem berufen und bezahlt; und da ist es nun ergötzlich zu sehn, wie altklug und gelehrt sie vom Absolutum, oder Gott, reden, sich ganz ernsthaft gebärdend, als wüßten sie wirklich irgend etwas davon: es erinnert an den Ernst, mit welchem die Kinder ihr Spiel betreiben. Da erscheint denn jede Messe eine neue Metaphysik, welche aus einem weitläufigen Bericht über den lieben Gott besteht, auseinandersetzt, wie es eigentlich mit ihm stehe und wie er dazu gekommen sei, die Welt gemacht oder geboren, oder sonst wie hervorgebracht zu haben, so daß es scheint, sie erhielten halbjährlich über ihn die neuesten Berichte.

Der Mittelpunkt der Welt

Wenn jedem Einzelnen die Wahl gegeben würde zwischen seiner eigenen und der übrigen Welt Vernichtung; so brauche ich nicht zu sagen, wohin sie, bei den allermeisten, ausschlagen würde. Dem gemäß macht jeder sich zum Mittelpunkte der Welt, bezieht alles auf sich und wird was nur vorgeht, z.B. die größten Veränderungen im Schicksale der Völker, zunächst auf *sein* Interesse dabei beziehen und, sei dieses auch noch so klein und unmittelbar, vor allem daran denken. Keinen größern Kontrast gibt es, als den zwischen dem hohen und exklusiven Abteil, den jeder an seinem eigenen Selbst nimmt, und der Gleichgültigkeit, mit der in der Regel alle andern eben jenes Selbst betrachten; wie er ihres. Es hat sogar seine komische Seite, die zahllosen Individuen zu sehen, deren jedes, wenigstens in praktischer Hinsicht, sich allein für *real* hält und die andern gewissermaßen als bloße Phantome betrachtet. [...] Die einzige Welt, welche jeder wirklich kennt und von der er weiß, trägt er in sich, als seine Vorstellung, und ist daher das Zentrum derselben. Deshalb eben ist jeder sich alles in allem.

Jacob Moleschott, der Positivist

Endlich habe ich auch von Moleschott etwas gelesen, nämlich im *Kreis des Lebens* [...]. Hätte ich nicht gewußt, daß dies der berühmte Herr Moleschott geschrieben hat, so würde ich es nicht einmal von einem Studenten, sondern von einem Barbiergesellen, der Anatomie und Physiologie gehört hat, herrührend glauben. So kraß, unwissend, roh, plump, ungelenkt, überhaupt knotenhaft ist das Zeug.

Mönche

Ein echter Mönch ist ein höchst ehrwürdiges Wesen: aber in den allermeisten Fällen ist die Kutte ein bloßer Maskenanzug, in welchem so wenig wie in dem auf der Maskerade ein wirklicher Mönch steckt.

Monogamie

In Hinsicht auf das Geschlechtsverhältnis ist kein Weltteil so unmoralisch, wie Europa, in Folge der widernatürlichen Monogamie.

Es ist vernünftigerweise nicht abzusehn, warum ein Mann, dessen Frau an einer chronischen Krankheit leidet, oder unfruchtbar bleibt, oder allmählich zu alt für ihn geworden ist, nicht eine zweite dazu nehmen sollte.

In London allein gibt es 80000 Freudenmädchen. Was sind denn diese anderes als bei der monogamischen Einrichtung auf das Fürchterliche zu kurz gekommene Weiber, wirkliche Menschenopfer auf dem Altare der Monogamie?

Über *Polygamie* ist gar nicht zu *streiten*, sondern sie ist als eine überall vorhandene Tatsache zu nehmen, deren bloße *Regulierung* die Aufgabe ist. Wo gibt es denn wirkliche Monogamisten? Wir alle leben, *wenigstens* eine Zeit lang, meistens aber immer, in Polygamie. Da folglich jeder Mann viele Weiber braucht, ist nichts gerechter, als daß ihm frei stehe, ja obliege, für viele Weiber zu sorgen. Dadurch wird auch das Weib auf ihren richtigen und natürlichen Standpunkt, als subordiniertes Wesen, zurückgeführt, und die *Dame*, dies Monstrum europäischer Zivilisation und christlich-germanischer Dummheit, mit ihren lächerlichen Ansprüchen auf Respekt und Verehrung, kommt aus der Welt, und es gibt nur noch *Weiber*, aber auch keine *unglückliche Weiber* mehr, von welchen jetzt Europa voll ist.

Monotheismus

Intoleranz ist nur dem Monotheismus wesentlich: ein alleiniger Gott ist, seiner Natur nach, ein eifersüchtiger Gott, der keinem andern das Leben gönnt.

Monumente

Einem bei Lebzeiten ein Monument setzen, heißt die Erklärung ablegen, daß hinsichtlich seiner der Nachwelt nicht zu trauen ist.

Moral

Vielleicht ginge aus dem Rückblick auf die seit mehr als zweitausend Jahren vergeblich unternommenen Versuche, eine sichere Grundlage für die Moral zu finden, hervor, daß es gar keine natürliche, von menschlicher Satzung unabhängige Moral gebe, sondern daß diese durch und durch ein Artefakt sei, ein Mittel, erfunden zur bessern Bändigung des eigensüchtigen und boshaften Menschengeschlechts.

Mormonen

Was den Mormonen so viele Konvertiten wirbt, scheint die Beseitigung der widernatürlichen Monogamie zu sein.

Moses

Moses schrieb jenen seitdem oft wiederholten Satz, daß Gott nach der Schöpfung einen Blick auf die Welt warf und fand, daß alles gut war. *Pánta kalá.* Ach! Der alte liebe Gott war sicherlich nicht schwierig! [...] Nun gut! Hand aufs Herz, sagen Sie doch, ob dieses *pánta kalá* Ihnen nicht ein gräßlicher Scherz zu sein scheint.

Musen

Ein Mann, der von der Gunst der Musen, ich meine von seinen poetischen Gaben, zu leben unternimmt, kommt mir ungefähr vor wie ein Mädchen, das von seinen Reizen lebt. Beide profanieren, zum schnöden Erwerb, was doch die freie Gabe ihres Innersten sein sollte. Beide leiden an Erschöpfung, und beide werden in den meisten Fällen schmählich enden. Also würdigt euere Muse nicht zur Hure herab.

N

Natur

Natura ist ein richtiger, aber euphemistischer Ausdruck: Mit gleichem Rechte könnte es *Mortura* heißen.

Naturwissenschaftler, die philosophieren möchten

Gewissen Naturforschern muß beigebracht werden, daß man ein vollkommner Zoolog sein und alle sechzig Affenspezies an einer Schnur haben kann, und doch, wenn man außerdem nichts als etwa nur noch seinen Katechismus gelernt hat, im Ganzen genommen ein unwissender, dem Volke beizuzählender Mensch ist. Dies ist aber in jetziger Zeit ein häufiger Fall. Da werfen sich Leute zu Welterleuchtern auf, die ihre Chemie, oder Physik, oder Mineralogie, oder Zoologie, oder Physiologie, sonst aber auf der Welt nichts gelernt haben, bringen an diese ihre einzige anderweitige Kenntnis, nämlich was ihnen von den Lehren des Katechismus noch aus den Schuljahren anklebt, und wenn ihnen nun diese beiden Stücke nicht recht zu einander passen, werden sie sofort zu Religionsspöttern und demnächst abgeschmackte, seichte Materialisten. [...] Und überhaupt jeder, der so mit kindlich naivem Realismus in den Tag hinein dogmatisiert, über Seele, Gott, Weltanfang, Atome und dergleichen mehr, als wäre die *Kritik der reinen Vernunft* im Monde geschrieben und kein Exemplar derselben auf die Erde gekommen, – gehört eben zum Volke: schickt ihn in die Bedientenstube, daß er dort seine Weisheit an den Mann bringe.

Nationalstolz

Jeder erbärmliche Tropf, der nichts in der Welt hat, darauf er stolz sein könnte, ergreift das letzte Mittel, auf die Nation, der er gerade angehört, stolz zu sein: Hieran erholt er sich und ist dankbar bereit, alle Fehler und Torheiten, die ihr eigen sind, *pyx kai lax* [mit Händen und Füßen] zu verteidigen.

O

Obskurantismus

Obskurantismus ist eine Sünde, vielleicht nicht gegen den heiligen, doch gegen den menschlichen Geist, die man daher nie verzeihen, sondern dem, der sich ihrer schuldig gemacht, dies, unversöhnlich, stets und überall nachtragen und bei jeder Gelegenheit ihm Verachtung bezeugen soll, so lange er lebt, ja, noch nach dem Tode.

Obskurantisten

Man sieht diese heutzutage an, wie Leute, die das Licht auslöschen wollen, um zu stehlen.

Offenbarung

Unter dem vielen Harten und Beklagenswerten des Menschenloses ist keines der geringsten dieses, daß wir da sind, ohne zu wissen, woher, wohin und wozu: wer eben vom Gefühl dieses Übels ergriffen und durchdrungen ist, wird kaum umhin können, einige Erbitterung zu verspüren gegen diejenigen, welche vorgeben, Spezialnachrichten darüber zu haben, die sie unter dem Namen von Offenbarungen uns mitteilen wollen. – Den Herren von der Offenbarung möchte ich raten, heutzutage nicht so viel von der Offenbarung zu reden; sonst ihnen leicht einmal offenbart werden könnte, was eigentlich die Offenbarung ist.

Optimismus

Das Menschengeschlecht ist einmal von Natur aus zum Elend und Untergang bestimmt; dann, wenn nun auch durch den Staat und die Geschichte dem Unrecht und der Not so weit abgeholfen wäre, daß eine Art Schlaraffenleben eintrete, so würden sich die Menschen alsdann vor Langeweile balgen und über einander herfallen, oder die Überbevölkerung würde Hungersnot herbeiführen und diese sie aufreiben.

P

Peitschenklatscher

Als den unverantwortlichsten und schändlichsten Lärm habe ich das wahrhaft infernale Peitschenklatschen in den hallenden Gassen der Städte zu denunzieren, welches dem Leben alle Ruhe und alle Sinnigkeit benimmt. Nichts gibt mir vom Stumpfsinn und der Gedankenlosigkeit der Menschen einen so deutlichen Begriff wie das Erlaubtsein des Peitschenklatschens. Dieser plötzliche, scharfe, hirnlähmende, alle Besinnung zerschneidende und gedankenmörderische Knall muß von jedem, der nur irgend etwas, einem Gedanken Ähnliches im Kopfe herumträgt, schmerzlich empfunden werden: jeder solcher Knall muß aber Hunderte in ihren geistigen Tätigkeit, so niedriger Gattung sie auch immer sein mag, stören: dem Denker aber fährt er durch seine Meditationen so schmerzlich und verderblich, wie das Richtschwert zwischen Kopf und Rumpf. Kein Ton durchschneidet so scharf das Gehirn wie dieses vermaledeite Peitschenklatschen: man fühlt geradezu die Spitze der Peitschenschnur im Gehirn, und es wirkt auf dieses wie die Berührung auf die *mimosa pudica*; auch eben so nachhaltig. Bei allem Respekt vor der hochheiligen Nützlichkeit sehe ich doch nicht ein, daß ein Kerl, der eine Fuhr Sand und Mist von der Stelle schafft, dadurch das Privilegium erlangen soll, jeden etwa aufsteigenden Gedanken, in sukzessive zehn tausend Köpfen (eine halbe Stunde Stadtweg) im Keime zu ersticken. Hammerschläge, Hundegebell und Kindergeschrei sind entsetzlich; aber der rechte Gedankenmörder ist allein der Peitschenknall. Jeden guten, sinnigen Augenblick, den etwa hier und irgend Einer hat, zu zermalmen ist seine Bestimmung. […] Dieses vermaledeite Peitschenklatschen ist nicht nur unnötig, sondern sogar unnütz. Die durch dasselbe beabsichtigte psychische Wirkung auf die Pferde nämlich ist durch die Gewohnheit, welche der unablässige Mißbrauch der Sache herbeigeführt hat, ganz abgestumpft und bleibt aus: sie beschleunigen ihren Schritt nicht danach. [...] Angenommen aber, daß es unbedingt nötig wäre, die Pferde durch den Schall beständig an die Gegenwart der Peitsche zu erinnern, so würde dazu ein hundert Mal schwächerer Schall ausreichen; da bekanntlich die Tiere sogar auf die leisesten, ja auf kaum merkliche Zeichen, hörbare wie sichtbare, achten; wovon abgerichtete Hunde und Kanarienvögel staunenerregende Beispiele liefern. Die Sache stellt demnach sich eben dar als reiner Mutwille, ja, als ein frecher Hohn des mit den Armen arbeitenden Teiles der Gesellschaft gegen den mit dem Kopfe arbeitenden. Daß eine solche Infamie in Städten geduldet wird ist eine grobe Barbarei und eine Ungerechtigkeit; um so mehr, als es gar leicht zu beseitigen wäre, durch polizeiliche Verordnung eines Knotens am Ende jeder Peitschenschnurs. Es kann nicht schaden, daß man die Proletarier auf die Kopfarbeit der über ihnen stehenden Klassen aufmerksam mache: denn sie haben vor aller Kopfarbeit eine unbändige Angst. Daß nun aber ein Kerl, der mit ledigen Postpferden, oder auf einem losen Karrengaul, die engen Gassen einer volkreichen Stadt durchschreitend, oder gar neben den Tieren hergehend, mit einer klasterlangen Peitsche aus Leibeskräften unaufhörlich klatscht, nicht verdiene, sogleich abzusitzen, um fünf aufrichtig gemeinte Stockprügel zu empfangen, das werden mir alle Philanthropen der Welt, nebst den legislativen, sämtliche Leibesstrafen aus guten Gründen abschaffenden Versammlungen, nicht einreden. [...] Soll denn bei der so allgemeinen Zärtlichkeit für den Leib und alle seine Befriedigungen der denkende Geist das Einzige sein, was nie die geringste Berücksichtigung, noch Schutz, geschweige Respekt erfährt? Fuhrknechte, Sackträger, Eckensteher und dergleichen sind die Lasttiere der menschlichen Gesellschaft; sie sollen durchaus human, mit Gerechtigkeit, Billigkeit, Nachsicht und Vorsorge behandelt werden: aber ihnen darf nicht gestattet sein, durch mutwilligen Lärm dem höhern Bestreben des Menschengeschlechts hinderlich zu werden. Ich möchte wissen, wieviele große und schöne Gedanken diese Peitschen schon aus der Welt geknallt haben. Hätte ich zu befehlen, so sollte in den Köpfen der Fuhrknechte ein unzerreißbarer *nexus idearum* [Ideenzusammenhang] zwischen Peitschenklatschen und Prügelkriegen erzeugt werden.

Pelagianismus

Der *Pelagianismus* ist das Bemühen, das Christentum zum plumpen und platten Judentum und seinem Optimismus zurückzubringen.

Pfaffen

Wahrhaftig eine mißliche Lage ist die unserige! Eine Spanne Zeit zu leben, voll Mühe, Not, Angst und Schmerz, ohne im mindesten zu wissen, *woher*, *wohin*, und *wozu*, und dabei nun doch die Pfaffen aller Farben, mit ihren respektiven Offenbarungen über die Sache, nebst Drohungen gegen Ungläubige.

Philosophenkongresse

Eine *contradictio in adjecto* [Selbstwiderspruch], da Philosophen selten im Dual und fast nie im Plural zugleich auf der Welt sind.

Philosophie als Beruf

Der Weg zur Wahrheit ist steil und lang: mit einem Block am Fuße wird ihn keiner zurücklegen; vielmehr täten Flügel not.

Demnach wäre ich also dafür, daß die Philosophie aufhörte, ein Gewerbe zu sein: Die Erhabenheit ihres Strebens verträgt sich nicht damit; wie ja dieses schon die Alten erkannt haben. Es ist gar nicht nötig, daß auf jeder Universität ein paar schale Schwätzer gehalten werden, um den jungen Leuten alle Philosophie auf Zeit Lebens zu verleiden.

Philosophie und Universitätsphilosophie

Was nun, in aller Welt, geht meine, dieser wesentlichen Requisiten ermangelnde, rücksichtslose und nahrungslose, grüblerische Philosophie, – welche zu ihrem Nordstern ganz allein die Wahrheit, die nackte, unbelohnte, unbefreundete, oft verfolgte Wahrheit hat und, ohne rechts oder links zu blicken, gerade auf diese zusteuert, – jene *alma mater*, die gute, nahrhafte Universitätsphilosophie an, welche, mit hundert Absichten und tausend Rücksichten belastet, behutsam ihres Weges daherlaviert kommt, indem sie allezeit die Furcht des Herrn, den Willen des Ministeriums, die Satzungen der Landeskirche, die Wünsche des Verlegers, den Zuspruch der Studenten, die gute Freundschaft der Kollegen, den Gang der Tagespolitik, die momentane Richtung des Publikums und was noch alles vor Augen hat? Oder was hat mein stilles, ernstes Forschen nach Wahrheit gemein mit dem gellenden Schulgezänke der Katheder und Bänke, dessen innerste Triebfedern stets persönliche Zwecke sind? Vielmehr sind beide Arten der Philosophie sich von Grund aus heterogen.

Wenn nun also es sich bei der Sache um nichts anderes handelte, als um die Förderung der Philosophie und das Vordringen auf dem Wege zur Wahrheit, so würde ich als das Beste empfehlen, daß man die Spiegelfechterei, welche damit auf den Universitäten getrieben wird, einstellte. Denn diese sind wahrlich nicht der Ort für ernstlich und redlich gemeinte Philosophie, deren Stelle dort nur zu oft eine in ihre Kleider gesteckte und aufgeputzte

Drahtpuppe einnehmen und als ein *nervis alienis mobile lignum* [„eine Holzpuppe, die von fremden Kräften bewegt wird", Horaz, *Saturae*, II, 7, 82] paradieren und gestikulieren muß.

Die künftige Philosophie

Über mich kann man wohl in der Breite, aber nicht in der Tiefe hinaus.

Philosophiegeschichte

Statt der selbsteigenen Werke der Philosophen allerlei Darlegungen ihrer Lehren, oder überhaupt Geschichte der Philosophie zu lesen, ist wie wenn man sich sein Essen von einem andern kauen lassen wollte. Würde man wohl Weltgeschichte lesen, wenn es jedem freistände, die ihn interessierenden Begebenheiten der Vorzeit mit eigenen Augen zu schauen?

Die eigentliche Bekanntschaft mit den Philosophen läßt sich durchaus nur in ihren eigenen Werken machen und keineswegs durch Relationen aus zweiter Hand [...]. Zudem hat das Lesen der selbsteigenen Werke wirklicher Philosophen jedenfalls einen wohltätigen und fördernden Einfluß auf den Geist, indem es ihn in unmittelbare Gemeinschaft mit so einem selbstdenkenden und überlegenen Kopfe setzt, statt daß bei jenen Geschichten der Philosophie er immer nur die Bewegung erhält, die ihm der hölzerne Gedankengang so eines Alltagskopfs erteilen kann, der sich die Sachen auf seine Weise zurechtgelegt hat.

Philosophieprofessoren

Die Philosophieprofessoren haben es mit mir gemacht wie Ludwig XIV. mit seinem Zwillingsbruder, dem er *die eiserne Maske* aufsetzte und ihn in die Bastille sperrte.

Philosophieren bei beschränktem Kopf

Den Heiseren singen zu hören, den Lahmen tanzen zu sehn, ist peinlich; aber den beschränkten Kopf philosophierend zu vernehmen, ist unerträglich.

Polygamie und Schwiegermütter

Die *Polygamie* hätte, unter vielen Vorteilen, auch den, daß der Mann nicht in so genaue Verbindung mit seinen Schwiegereltern käme, die Furcht vor welche jetzt unzählige Ehen verhindert. Doch zehn Schwiegermütter statt einer!

Der Herr Professor

Nur mittelst der Universitäten, vor einem Publikum aus Studenten, die alles, was dem Herrn Professor zu sagen beliebt, gläubig annehmen, ist der ganze philosophische Skandal dieser letzten fünfzig Jahre möglich gewesen.

Professuren

Im Ganzen genommen, ist die Stallfütterung der Professuren am geeignetsten für die Wiederkäuer. Hingegen die, welche aus den Händen der Natur die eigene Beute empfangen, befinden sich besser im Freien.

Prophetentum der Vernunft aus dem Geiste der Etymologie

Als Stufe zu jenem *Prophetentum der Vernunft* mußte sogar der armselige Witz dienen, daß, weil das Wort *Vernunft* von *vernehmen* kommt, dasselbe besage, daß die Vernunft ein Vermögen sei, jenes sogenannte „Übersinnliche“ (*nephelokokkugía*, Wolkenkuckucksheim) zu *vernehmen*. Der Einfall fand ungemessenen Beifall, wurde in Deutschland dreißig Jahre hindurch, mit unsäglichem Genügen, unablässig wiederholt, ja, zum Grundstein philosophischer Lehrgebäude gemacht; – während es am Tage liegt, daß freilich *Vernunft* von *vernehmen* kommt, aber nur weil sie dem Menschen den Vorzug vor dem Tiere gibt, nicht bloß zu *hören*, sondern auch zu *vernehmen*, jedoch nicht was im Wolkenkuckucksheim vorgeht, sondern was *ein* vernünftiger Mensch dem andern sagt: Das wird von diesem *vernommen*, und die Fähigkeit dazu heißt *Vernunft*.

Protestantismus

Der Protestantismus ist dadurch, daß er das Zölibat und überhaupt die eigentliche Askese, wie auch deren Repräsentanten, die Heiligen, verwarf, zu einem abgestumpften, oder vielmehr abgebrochenen Christentum geworden, als welchem die Spitze fehlt: Es läuft in nichts auf.

Der Protestantismus hat, indem er die Askese und deren Zentralpunkt, die Verdienstlichkeit des Zölibats, eliminierte, eigentlich schon den innersten Kern des Christentums aufgegeben und ist insofern als ein Abfall von demselben anzusehen. Dies hat sich in unsern Tagen herausgestellt in dem allmählichen Übergang desselben in den platten Rationalismus, diesen modernen Pelagianismus, der am Ende hinausläuft auf eine

Lehre von einem liebenden Vater, der die Welt gemacht hat, damit es hübsch vergnügt darauf zugehe (was ihm dann freilich mißraten sein müßte), und der, wenn man nur in gewissen Stücken sich seinem Willen anbequemt, auch nachher für eine noch viel hübschere Welt sorgen wird (bei der nur zu beklagen ist, daß sie eine so fatale Entree hat). Das mag eine gute Religion für komfortable, verheiratete und aufgeklärte protestantische Pastoren sein: Aber das ist kein Christentum.

R

Rationalisten

Eine Mutter hatte ihren Kindern, zu ihrer Bildung und Besserung, Äsops Fabel zu lesen gegeben. Aber sehr bald brachten sie ihr das Buch zurück, wobei der älteste sich, gar altklug, also vernehmen ließ: „Das ist kein Buch für uns! ist viel zu kindisch und zu dumm. Daß Füchse, Wölfe und Raben reden könnten, lassen wir uns nicht mehr aufbinden: Über solche Possen sind wir längst hinaus!“ – Wer erkennt nicht in diesen hoffnungsvollen Knaben die künftigen erleuchteten Rationalisten?

Reife – männlich und weiblich

Je edeler und vollkommener eine Sache ist, desto später und langsamer gelangt sie zur Reife. Der Mann erlangt die Reife seiner Vernunft und Geisteskräfte kaum vor dem achtundzwanzigsten Jahre; das Weib mit dem achtzehnten. Aber es ist auch eine Vernunft danach: eine gar knapp gemessene. Daher bleiben die Weiber ihr Leben lang Kinder, sehn immer nur das Nächste, kleben an der Gegenwart, nehmen den Schein der Dinge für die Sache und ziehn Kleinigkeiten den wichtigsten Angelegenheiten vor.

Religion

Die Menschheit wächst die Religion aus, wie ein Kinderkleid; und da ist kein Halten: Es platzt.

Religionen sind Kinder der Unwissenheit, die ihre Mutter nicht lange überleben.

In frühern Jahrhunderten war die Religion ein Wald, hinter welchem Heere halten und sich decken konnten. [...] Aber nach so vielen Fehlungen ist sie nur noch ein Buschwerk, hinter welchem gelegentlich Gauner sich verstecken. Man hat dieserhalb sich vor denen zu hüten, die sie in alles hineinziehn möchten, und begegne ihnen mit dem oben angezogenen Sprichwort: *Detrás de la cruz está el diablo* [Hinter dem Kreuz steht der Teufel].

Ritter

Als Form der Geselligkeit das aus Roheit und Geckerei zusammengeflickte Ritterwesen, mit seinen pedantisch ausgebildeten und in ein System gebrachten Fratzen und Flausen, mit degradierendem Aberglauben und affenwürdiger Weiberveneration, von der ein noch vorhandener Rest, die Galanterie, mit wohlverdienter Weiberarroganz bezahlt wird und allen Asiaten dauernden Stoff zu einem Lachen gibt, in welchem die Griechen miteingestimmt haben würden. Im goldenen Mittelalter freilich ging das Ding bis zum förmlichen und methodischen Frauendienst, mit auferlegten Heldentaten, *cours d'amour*, schwülstigem Troubadoursgesang u.s.w.; wiewohl zu bemerken ist, daß diese letzteren Possen, die denn doch eine intellektuelle Seite haben, hauptsächlich in Frankreich zu Hause waren; während bei den materiellen und stumpfen Deutschen die Ritter mehr im Saufen und Rauben sich hervortaten: Humpen und Raubschlösser waren ihre Sachen; an den Öfen freilich fehlte es auch nicht an einiger faden Minnesängerei.

Romantik

Die Romantik ist ein Produkt des *Christentums*: Überschwengliche Religiosität, phantastische Weiberverehrung und ritterliche Tapferkeit, also Gott, die Dame und der Degen, – das sind die Kennzeichen des Romantischen.

Rosen und Dornen

Keine Rose ohne Dornen. – Aber manche Dornen ohne Rosen.

Ruhm

Der Ruhm ist der Lärm des Lebens, und das Leben ist die große Parodie des Willens, d.h. etwas, was noch mehr lügt als der Mensch.

Falscher Ruhm

Dem schnell eintretenden Ruhm ist auch der falsche beizuzählen, nämlich der künstliche, durch ungerechtes Lob, gute Freunde, bestochene Kritiker, Winke von oben und Verabredungen von unten, bei richtig vorausgesetzter Urteilslosigkeit der Menge, auf die Beine gebrachte Ruhm eines Werkes. Er gleicht den Ochsenblasen, durch die man einen schweren Körper zum Schwimmen bringt. Sie tragen ihn, längere oder kürzere Zeit, je nachdem sie wohl aufgebläht und fest zugeschnürt sind: Aber die Luft transsudiert allmählich doch, und er sinkt.

S

Sachsen

Die *Niedersachsen* sind plump, ohne ungeschickt zu sein; die *Obersachsen* ungeschickt, ohne plump zu sein.

Schauspieler

Meine eigene, vieljährige Erfahrung hat mich auf die Vermutung geführt, daß Wahnsinn unverhältnismäßig am häufigsten bei Schauspielern eintritt. Welchen Mißbrauch treiben aber auch diese Leute mit ihrem Gedächtnis! Täglich haben sie eine neue Rolle einzulernen, oder eine alte aufzufrischen: Diese Rollen sind aber sämtlich ohne Zusammenhang, ja, im Widerspruch und Kontrast miteinander, und jeden Abend ist der Schauspieler bemüht, sich selbst ganz zu vergessen, um ein völlig anderer zu sein. Dergleichen bahnt geradezu den Weg zum Wahnsinn.

Schelling als Naturphilosoph

Mir ist dabei, wie wenn ein Kind mir Taschenspielerstückchen macht und ich deutlich sehe, wie es die Kügelchen unter dem Becher praktiziert, woselbst sie zu finden ich nachher erstaunen soll.

Schelling und die Schellingianer

Wer *a priori* dartun will, was sich allein *a posteriori*, aus der Erfahrung, wissen läßt, der scharlatanisiert und macht sich lächerlich. Warnende Beispiele dieses Fehlers haben Schelling und die Schellingianer geliefert, wenn sie, wie damals jemand sehr artig ausgedrückt hat, *a priori* nach einem *a posteriori* gesteckten Ziele schossen.

Schicksal

Der „Kampf des Menschen mit dem Schicksal" [...] ist schon darum ein lächerlicher Begriff, weil es der Kampf mit einem unsichtbaren Gegner, einem Kämpen in der Nebelkappe, wäre, gegen den daher jeder Schlag ins Leere geführt würde und dem man sich in die Arme würfe, indem man ihm ausweichen wollte, wie ja dies dem Laius und dem Ödipus begegnet ist. Dazu kommt, daß das Schicksal allgewaltig ist, daher mit ihm zu kämpfen die lächerlichste aller Vermessenheiten wäre.

Die grausamen Schönen

Ein hoffnungslos Liebender kann seine grausame Schöne dem Hohlspiegel epigrammatisch vergleichen, als welcher, wie diese glänzt, entzündet und verzehrt, dabei aber selbst kalt bleibt.

Die Schrift

Die Feder ist dem Denken, was der Stock dem Gehn: Aber der leichteste Gang ist ohne Stock und das vollkommenste Denken geht ohne Feder vor sich; erst wenn man anfängt, alt zu werden, bedient man sich gerne des Stockes und gern der Feder.

Schriftsteller

Die *Schriftsteller* kann man einteilen in Sternschnuppen, Planeten und Fixsterne. – Die ersteren liefern die momentanen Knalleffekte: man schauet auf, ruft „siehe da!“ und auf immer sind sie verschwunden. – Die zweiten, also die Irr- und Wandelsterne, haben viel mehr Verstand. Sie glänzen, wiewohl bloß vermöge ihrer Nähe, oft heller als die Fixsterne, und werden von Nichtkennern mit diesen verwechselt. Inzwischen müssen auch sie ihren Platz bald räumen, haben zudem nur geborgtes Licht und eine auf ihre Bahngenossen (Zeitgenossen) beschränkte Wirkungssphäre. Sie wandeln und wechseln: Ein Umlauf von einigen Jahren Dauer ist ihre Sache. – Die dritten allein sind unwandelbar, stehn fest am Firmament, haben eigenes Licht, wirken zu einer Zeit wie zur andern, indem sie ihr Ansehn nicht durch die Veränderung unsers Standpunkts ändern, da sie keine Parallaxe haben. Sie gehören nicht, wie jene andern, *einem* System (Nation) allein an, sondern der Welt. Aber eben wegen der Höhe ihrer Stelle, braucht ihr Licht meistens viele Jahre, ehe es dem Erdbewohner sichtbar wird.

Mittelmäßige Schriftsteller

Jene Alltagsköpfe können schlechterdings sich nicht entschließen, zu schreiben, wie sie denken; weil ihnen ahnt, daß alsdann das Ding ein gar einfältiges Ansehn erhalten könnte. [...] Sie bringen demnach was sie zu sagen haben in gezwungenen, schwierigen Wendungen, neu geschaffenen Wörtern und weitläufigen, um den Gedanken herumgehenden und ihn verhüllenden Perioden vor. Sie schwanken zwischen dem Bestreben, denselben mitzuteilen, und dem, ihn zu verstecken. Sie möchten ihn so aufstutzen, daß er ein gelehrtes, oder tiefsinniges Ansehn erhielte, damit man denke, es stecke viel mehr dahinter, als man zur Zeit gewahr wird. Demnach werfen sie ihn bald stückweise hin, in kurzen, vieldeutigen und paradoxen Aussprüchen, die viel mehr anzudeuten scheinen, als sie besagen (herrliche Beispiele dieser Art liefern Schellings naturphilosophische Schriften); bald wieder bringen sie ihren Gedanken unter einen Schwall von Worten vor, mit der unerträglichen Weitschweifigkeit, als brauchte es Wunder welche Anstalten, den tiefen Sinn desselben verständlich zu machen, – während es ein ganz simpler Einfall, wo nicht gar eine Trivialität ist (Fichte, in seinen populären Schriften, und hundert elende, nicht nennenswerte Strohköpfe, in ihren philosophischen Lehrbüchern, liefern Beispiele in Fülle).

Nachlässige Schriftsteller

Wer nachlässig schreibt, legt dadurch zunächst das Bekenntnis ab, daß er selbst seinen Gedanken keinen großen Wert beilegt.

Wenn es eine Impertinenz ist, andere zu unterbrechen, so ist es nicht minder eine solche, sich selbst zu unterbrechen, wie es in einem Phrasenbau geschieht, den seit einigen Jahren alle schlechten, nachlässigen, eiligen, das liebe Brot vor Augen habenden Skribler auf jeder Seite sechs Mal anwenden und sich darin gefallen. Er besteht darin, daß – man soll, wo man kann, Regel und Beispiel zugleich geben – man eine Phrase zerbricht, um eine andere dazwischen zu leimen. Sie tun es jedoch nicht bloß aus Faulheit, sondern auch aus Dummheit, indem sie es für eine liebenswürdige *légèreté* halten, die den Vortrag belebe.

Viele schreiben, wie die Korallenpolypen bauen: Periode fügt sich an Periode, und es geht wohin Gott will.

Die deutsche Sprache ist gänzlich in die *grabuge* [ein Durcheinander] geraten: Alles greift zu, jeder tintenklecksende Lump fällt darüber her.

Philosophische Schriftsteller

Die erste, ja, schon für sich allein beinahe ausreichende Regel des guten Stils ist diese, *daß man etwas zu sagen habe*: oh, damit kommt man weit! Aber die Vernachlässigung derselben ist ein Grundcharakterzug der philosophischen und überhaupt aller reflektierenden Schriftsteller in Deutschland, besonders seit Fichte. Allen solchen Schreibern nämlich ist anzumerken, daß sie etwas zu sagen *scheinen* wollen, während sie nichts zu sagen haben.

Der generische Charakter der *philosophischen* Schriften dieses Jahrhunderts ist das Schreiben, ohne eigentlich etwas zu sagen zu haben: er ist ihnen allen gemeinsam und kann daher auf gleiche Weise am Salat, wie am Hegel, am Herbart, wie am Schleiermacher studiert werden. Da wird, nach homoiopathischer Methode, das schwache Minimum eines Gedankens mit fünfzig Seiten Wortschwall diluiert und nun, mit grenzenlosem Zutrauen zur wahrhaft deutschen Geduld des Lesers, ganz gelassen, Seite nach Seite, so fortgeträtscht. Vergebens hofft der zu dieser Lektüre verurteilte Kopf auf eigentliche, solide und substantielle Gedanken: Er schmachtet, ja, er schmachtet nach irgend einem Gedanken, wie der Reisende in der arabischen Wüste nach Wasser, – und muß verschmachten.

Sklavenhalter und Sklavenhändler

Jene Teufel in Menschengestalt, die Sklavenhalter und Sklavenhändler in den Nordamerikanischen Freistaaten (sollte heißen Sklavereistaaten) sind in der Regel orthodoxe und fromme Anglikaner, die es für schwere Sünde halten würden, am Sonntag zu arbeiten, und im Vertrauen hierauf und auf ihren pünktlichen Kirchenbesuch u. s. w. ihre ewige Seligkeit hoffen.

Spinoza

Spinozas Definition der Liebe verdient, wegen ihrer überschwenglichen Naivität, zur Aufheiterung, angeführt zu werden: *Amor est titillatio, concomitante idea causae externae* [Liebe ist ein Kitzel, der von der Vorstellung einer äußeren Ursache begleitet ist] (*Ethica*, IV, prop. 44, dem.).

Die Tierquälereien, welche, nach Colerus, Spinoza zu seiner Belustigung und unter herzlichem Lachen an Spinnen und Fliegen zu verüben pflegte, entsprechen nur zu sehr seinen hier gerügten Sätzen, wie auch besagten Kapiteln der *Genesis*. Durch alles dieses ist denn Spinozas *Ethica* durchweg ein Gemisch von Falschem und Wahrem, Bewunderungswürdigem und Schlechtem.

Sprachreform

Die Alltagsköpfe sollen im ausgefahrenen Gleise bleiben und nicht unternehmen, die Sprache zu verbessern. Oder ist etwa die deutsche Sprache vogelfrei, als eine Kleinigkeit, die nicht des Schutzes des Gesetzes wert ist, den doch jeder Misthaufen genießt? – Elende Philister! – Was, in aller Welt, soll aus der deutschen Sprache werden [...]?

Der Staat – und sein Ursprung

Die Notwendigkeit des Staats beruht im letzten Grunde auf der anerkannten *Ungerechtigkeit* des Menschengeschlechts: ohne diese würde an keinen Staat gedacht werden; da niemand Beeinträchtigung seiner Rechte zu fürchten hätte und ein bloßer Verein gegen die Angriffe wilder Tiere, oder der Elemente, nur eine schwache Ähnlichkeit mit einem Staate haben würde.

Von diesem Gesichtspunkt aus sieht man deutlich die Borniertheit und Plattheit der Philosophaster, welche, in pompösen Redensarten, den Staat als den höchsten Zweck und die Blüte des menschlichen Daseins darstellen und damit eine Apotheose der Philisterei liefern.

Der ethische Staat

Der alleinige Zweck des Staates ist, die Einzelnen vor einander und das Ganze vor äußeren Feinden zu schützen. Einige deutsche Philosophaster dieses feilen Zeitalters möchten ihn verdrehen zu einer Moralitäts-, Erziehungs- und Erbauungs-Anstalt: wobei im Hintergrunde der Jesuitische Zweck lauert, die persönliche Freiheit und individuelle Entwicklung des Einzelnen aufzuheben, um ihn zum bloßen Rade einer Chinesischen Staats- und Religions-Maschine zu machen. Dies aber ist der Weg, auf welchem man weiland zu Inquisitionen, Autos da Fé und Religionskriegen gelangt ist. Friedrich des Großen Wort, „In meinem Lande soll jeder seine Seligkeit nach seiner eigenen Façon besorgen können", besagte, daß er ihn nie betreten wolle. Hingegen sehen wir auch jetzt noch überall (mit mehr scheinbarer als wirklicher Ausnahme Nordamerikas) den Staat auch die Sorge für das metaphysische Bedürfnis seiner Mitglieder übernehmen.

T

Tageszeitungen

Die Zeitungen sind der Sekundenzeiger der Geschichte. Derselbe aber ist meistens nicht nur von unedlerem Metalle als die beiden andern, sondern geht auch selten richtig.

Theologen

Der Arzt sieht den Menschen in seiner ganzen Schwäche; der Jurist in seiner ganzen Schlechtigkeit; der Theolog in seiner ganzen Dummheit.

Theologie und Philosophie

Theologie und Philosophie sind wie zwei Waagschalen. Je mehr die eine sinkt, desto mehr steigt die andere. Je größer der Unglaube in unserer Zeit wird, desto stärker erwacht das Bedürfnis nach Philosophie, nach Metaphysik, und da müssen sie zu mir kommen.

Tierquälerei

Den Vogel, der organisiert ist, die halbe Welt zu durchstreifen, sperrt der Mensch in einem Kubikfuß ein, wo er sich langsam zu Tode sehnt und schreiet: denn

L'uccello nella gabbia
canta non di piacere ma di rabbia
[Dem Vogel im Käfig ist übel zu Mut,
Er singt nicht aus Freude, sondern aus Wut]

und seinen treuesten Freund, den so intelligenten Hund, legt er an die Kette! Nie sehe ich einen solchen ohne inniges Mitleid mit ihm und tiefe Indignation gegen seinen Herrn, und mit Befriedigung denke ich an den vor einigen Jahren von den *Times* berichteten Fall, daß ein Lord, der einen großen Kettenhund hielt, einst, seinen Hof durchschreitend, sich beigehn ließ, den Hund liebkosen zu wollen, worauf dieser sogleich ihm den Arm von oben bis unten aufriß, – mit Recht! Er wollte damit sagen: „Du bist nicht mein Herr, sondern mein Teufel, der mir mein kurzes Dasein zur Hölle macht." Möge es jedem so gehn, der Hunde ankettet.

Trappisten

Die Zahl der regulären Trappisten ist freilich klein; dagegen aber besteht wohl die Hälfte der Menschheit aus *unfreiwilligen Trappisten*: Armut, Gehorsam, Ermangelung aller Genüsse, ja, der notwendigsten Erleichterungsmittel, – und oft auch gezwungene, oder durch Mangel herbeigeführte Keuschheit sind ihr Los.

Tourismus

Das *Nomandenleben*, welches die unterste Stufe der Zivilisation bezeichnet, findet sich auf der höchsten im allgemein gewordenen *Touristenleben* wieder ein. Das erste wurde von der *Not*, das zweite von der *Langeweile* herbeigeführt.

Touristen

Sie schreiben an sehenswerten Orten, die sie besuchen, ihren Namen hin, um so zu reagieren, um auf den Ort zu wirken, da er nicht auf sie wirkte.

Türenknallen

Die allgemeine Toleranz gegen unnötigen Lärm, z. B. gegen das so höchst ungezogene und gemeine Türenwerfen, ist geradezu ein Zeichen der allgemeinen Stumpfheit und Gedankenleere der Köpfe. In Deutschland ist es, als ob es ordentlich darauf angelegt wäre, daß, vorm Lärm, niemand zur Besinnung kommen solle.

U

Übersetzungen

Jede Übersetzung bleibt tot und ihr Stil gezwungen, steif, unnatürlich: Oder aber sie wird frei, d.h. begnügt sich mit einem *a peu près*, ist also falsch. Eine Bibliothek von Übersetzungen gleicht einer Gemäldegalerie von Kopien.

Unbegabte

Man wird keine Iliaden schreiben, wenn man zur Mutter eine Gans und zum Vater eine Schlafmütze gehabt hat; auch nicht, wenn man auf sechs Universitäten studiert.

V

Die Vereinigten Staaten

In den Vereinigten Staaten von Nordamerika sehn wir den Versuch, [...] das ganz unversetzte, reine, abstrakte Recht herrschen zu lassen. Allein der Erfolg ist nicht anlockend: denn, bei aller materiellen Prosperität des Landes, finden wir daselbst als herrschende Gesinnung den niedrigen Utilitarianismus, nebst seiner unausbleiblichen Gefährtin, der Unwissenheit, welche der stupiden anglikanischen Bigotterie, dem dummen Dünkel, der brutalen Roheit, im Verein mit einfältiger Weiberveneration, den Weg gebahnt hat. Und sogar noch schlimmere Dinge sind dort an der Tagesordnung, nämlich himmelschreiende Negersklaverei, verbunden mit äußerster Grausamkeit gegen die Sklaven, ungerechteste Unterdrückung der freien Schwarzen, *lynch-law*; häufiger und oft ungestrafter Meuchelmord, unerhört brutale Duelle, mitunter offene Verhöhnung des Rechts und der Gesetze, Repudiation öffentlicher Schulden, empörende politische Eskrokerie einer Nachbarsprovinz, in Folge derselben gierige Raubzüge in das reiche Nachbarland, welche sodann von höchster Stelle aus, durch Unwahrheiten, die jeder im Lande als solche kennt und verlacht, beschönigt werden mußten, immer wachsende Ochlokratie und endlich der ganze verderbliche Einfluß, welchen die erwähnte Verleugnung der Rechtlichkeit in der obern Region auf die Privatmoralität ausüben muß.

Virginität

Virginität ist schön, nicht weil sie ein Fasten, sondern weil sie Klugheit ist, da sie die Schliche der Natur umgeht.

Vivisektion

Als ich in Göttingen studierte, sprach Blumenbach, im Kollegium der Physiologie, sehr ernstlich zu uns über das Schreckliche der Vivisektionen, und stellte uns vor, was für eine grausame und entsetzliche Sache sie wären; deshalb man zu ihnen höchst selten und nur bei sehr wichtigen und unmittelbaren Nutzen bringenden Untersuchungen schreiten solle; dann aber müsse es mit größter Öffentlichkeit, im großen Hörsaal, nach an alle Mediziner erlassener Einladung geschehn, damit das grausame Opfer auf dem Altar der Wissenschaft den größtmöglichen Nutzen bringe. – Heutzutage hingegen hält jeder Medikaster sich befugt, in seiner Marterkammer die grausamste Tierquälerei zu treiben, um Probleme zu entscheiden, deren Lösung längst in Büchern steht, in welche seine Nase zu stekken er zu faul und unwissend ist. Unsere Ärzte haben nicht mehr die klassische Bildung, wie ehemals, wo sie ihnen eine gewisse Humanität und einen edlen Anstrich verlieh. Das geht jetzt möglichst früh auf die Universität, wo es eben nur sein Pflasterschmieren lernen will, um dann damit auf Erden zu prosperieren.

Die französischen Biologen scheinen hier mit dem Beispiel vorangegangen zu sein, und die Deutschen eifern ihnen nach im Verhängen der grausamsten Martern über unschuldige Tiere, oft in großer Anzahl, um rein theoretische, oft sehr futile Fragen zu entscheiden. Ich will dies nun mit ein paar Beispielen belegen, die mich besonders empört haben, obwohl sie keineswegs vereinzelt dastehn, sondern hundert ähnliche aufgezählt werden könnten. Professor Ludwig Fick in Marburg in seinem Buche *Über die Ursachen der Knochenformen* (1857) berichtet, daß er jungen Tieren die Augäpfel extirpiert habe, um eine Bestätigung seiner Hypothese dadurch zu erhalten, daß jetzt die Knochen in die Lücke hineinwachsen!

Besondere Erwähnung verdient die Abscheulichkeit, welche Baron Ernst von Bibra zu Nürnberg begangen hat und *tanquam re bene gesta* [als eine gute Handlung] mit unbegreiflicher Naivität dem Publikum erzählt in seinen *Vergleichenden Untersuchungen über das Gehirn des Menschen und der Wirbeltiere* (Mannheim 1854, S. 131 ff.): Er hat zwei Kaninchen planmäßig *tothungern* lassen, um die ganz müßige und unnütze Untersuchung anzustellen, ob durch den Hungertod die chemischen Bestandteile des Gehirns eine Proportionsveränderung erlitten! Zum Nutzen der Wissenschaft, – *n'est-ce pas?* Lassen denn diese Herren vom Skalpell und Tiegel sich gar nicht träumen, daß sie zunächst Menschen und dann Chemiker sind? – Wie kann man ruhig schlafen, während man unter Schloß und Riegel harmlose, von der Mutter gesäugte Tiere hat, den martervollen, langsamen Hungertod zu erleiden? Schreckt man da nicht auf im Schlaf? [...] Ist die grausame Handlung des Bibra, wenn sie nicht verhindert werden konnte, ungestraft geblieben? – Am wenigsten aber sollte wer noch so viel aus Büchern zu lernen hat, wie dieser Herr von Bibra, daran denken, die letzten Antworten auf dem Wege der Grausamkeit auszupressen, die Natur auf die Folter zu spannen, um sein Wissen zu bereichern: ihre Geheimnisse auszupressen, die vielleicht längst bekannt sind. Denn für dieses Wissen gibt es noch viele andere und unschuldige Fundgruben; ohne daß man nötig hätte, arme hilflose Tiere zu Tode zu martern. Was in aller Welt hat das arme, harmlose Kaninchen verbrochen, daß man es einfängt, um es der Pein des langsamen Hungertodes hinzugeben? Zu Vivisektionen ist keiner berechtigt, der nicht schon alles, was über das zu untersuchende Verhältnis in Büchern steht, kennt und weiß.

Volksrichter

Statt gelehrte und geübte Kriminalrichter, welche unter täglicher Entwirrung der von Dieben, Mördern und Gaunern versuchten Schliche und Finten grau geworden sind und so den Sachen auf die Spur zu kommen gelernt haben, sitzen nunmehr Gevatter Schneider und Handschuhmacher zu Gerichte, und mit ihrem plumpen, rohen, ungeübten, tölpelhaften, ja, nicht ein Mal einer anhaltenden Aufmerksamkeit gewohnten Verstande die Wahrheit aus dem täuschenden Gewebe des Truges und Scheines herauszufinden, während sie noch obendrein dazwischen an ihr Tuch und ihr Leder denken und sich nach Hause sehnen, vollends aber vom Unterschiede zwischen Wahrscheinlichkeit und Gewißheit durchaus keinen deutlichen Begriff haben, vielmehr so eine Art von *calculus probabilium* [Wahrscheinlichkeitsrechnung] in ihrem dumpfen Kopfe anstellen, nach welchem sie sodann getrost über das Leben anderer den Stab brechen. [...] Nun aber gar die Verbrechen gegen den Staat und sein Oberhaupt, nebst Preßvergehn, von der Jury richten lassen, heißt recht eigentlich den Bock zum Gärtner machen.

W

Weiße Hautfarbe

Beiläufig sei hier meine Meinung ausgesprochen, daß dem Menschen die weiße Hautfarbe nicht natürlich ist, sondern er von Natur schwarze, oder braune Haut hat, wie unsere Stammväter die Hindu; daß folglich nie ein weißer Mensch ursprünglich aus dem Schoße der Natur hervorgegangen ist, und es also keine weiße Rasse gibt, so viel auch von ihr geredet wird, sondern jeder weiße Mensch ein abgeblichener ist. In den ihm fremden Norden gedrängt, wo er nur so besteht, wie die exotischen Pflanzen, und, wie diese, im Winter des Treibhauses bedarf, wurde der Mensch, im Laufe der Jahrtausende, weiß.

Die Welt

Die Welt ist meine Vorstellung.

Man wird dem Aristoteles Recht geben, wenn er sagt: *he phýsis daimonía, all'u theía estí* (*natura daemonia est, non divina*) [„Die Natur ist dämonisch, nicht göttlich", vgl. *De divinatione per somnum* 2, 463 a 14–15]. Wir könnten übersetzen: „Die Welt ist die Hölle".

Wenn man den verstocktesten Optimisten durch die Krankenhospitäler, Lazarette und chirurgische Marterkammern, durch die Gefängnisse, Folterkammern und Sklavenställe, über Schlachtfelder und Gerichtsstätten führen, dann alle die finsteren Behausungen des Elends, wo es sich vor den Blicken kalter Neugier verkriecht, ihm öffnen und zum Schluß ihn in den

Hungerturm des Ugolino blicken lassen wollte, so würde sicherlich auch er zuletzt einsehen, welcher Art dieser *meilleur des mondes possibles* ist.

Die Welt ist eben *die Hölle*, und die Menschen sind einerseits die gequälten Seelen und andererseits die Teufel darin.

Diese Welt ist die *schlechteste* unter den möglichen.

Ist doch in der Welt überall nicht viel zu holen: Not und Schmerz erfüllen sie, und auf die, welche diesen entronnen sind, lauert in allen Winkeln die Langeweile. Zudem hat in der Regel die Schlechtigkeit die Herrschaft darin und die Torheit das große Wort.

Um allzeit einen sichern Kompaß, zur Orientierung im Leben, bei der Hand zu haben, und um dasselbe, ohne je irre zu werden, stets im richtigen Lichte zu erblicken, ist nichts tauglicher, als daß man sich angewöhne, diese Welt zu betrachten als einen Ort der Buße, also gleichsam als eine Strafanstalt, *a penal colony* – ein *ergastérion*, wie schon die ältesten Philosophen sie nannten [...]. Zu den Übeln einer Strafanstalt gehört denn auch die Gesellschaft, welche man daselbst antrifft. Wie es um diese hieselbst stehe, wird wer irgendwie einer bessern würdig wäre auch ohne mein Sagen wissen.

Die Regel ist überall in der Welt das Geschmeiß.

Diese Welt soll ein Gott gemacht haben? Nein, eher ein Teufel.

Die Weltkomödie

Wie den Bienen der Trieb einwohnt, gemeinschaftlich Zellen und einen Stock zu bauen, so soll in den Menschen angeblich der Trieb liegen, gemeinschaftlich eine große, streng moralische Weltkomödie aufzuführen, zu welcher wir die bloßen Marionetten wären und nichts weiter; wiewohl mit dem bedeutenden Unterschiede, daß der Bienenstock denn doch wirklich zu Stande kommt, wohingegen statt der moralischen Weltkomödie in der Tat eine höchst unmoralische aufgeführt wird.

Weltverbesserer

Wer auf die Welt gekommen ist, sie ernstlich und in den wichtigen Dingen zu *belehren*, der kann von Glück sagen, wenn er mit heiler Haut davon kommt.

Der Wille

Der Geschlechtstrieb ist der Kern des Willens zum Leben, mithin die Konzentration allen Wollens; daher eben ich im Texte die Genitalien den Brennpunkt des Willens genannt habe.

Wißbegier und Neugier

Das Begehren nach Kenntnissen, wenn auf das Allgemeine gerichtet, heißt *Wißbegier*; wenn auf das Einzelne, *Neugier*. – Knaben zeigen meistens Wißbegier; kleine Mädchen bloße Neugier, diese aber in stupendem Grade und oft mit widerwärtiger Naivität.

Witwenverbrennung

Daß Witwen sich mit der Leiche des Gatten verbrennen, ist freilich empörend; aber daß sie das Vermögen, welches der Gatte, sich getröstend, daß er für seine Kinder arbeite, durch den anhaltenden Fleiß seines ganzen Lebens erworben hat, nachher mit ihren Buhlen durchbringen, ist auch empörend.

Die Würde des Menschen

Dieser Ausdruck „*Würde des Menschen*", einmal von Kant ausgesprochen, wurde nachher das Schiboleth aller rat- und gedankenlosen Moralisten, die ihren Mangel an einer wirklichen, oder wenigstens doch irgend etwas sagenden Grundlage der Moral hinter jenen imponierenden Ausdruck „*Würde des Menschen*" versteckten, klug darauf rechnend, daß auch ihr Leser sich gern mit einer solchen Würde angetan sehen und demnach damit zufrieden gestellt sein würde.

Z

Zeit

Die *Zeit* ist das, vermöge dessen alles jeden Augenblick unter unsern Händen zu Nichts wird; – wodurch es allen wahren Wert verliert.

Zeitalter

Indem man versucht, menschliche Erkenntnis und Einsicht zu fördern, wird man stets den Widerstand des Zeitalters empfinden, gleich dem einer Last, die man zu ziehen hat, und die einen schwer auf den Boden drückt, aller Anstrengung trotzend. Dann muß man sich trösten mit der Gewißheit, zwar die Vorurteile gegen sich, aber die Wahrheit für sich zu haben, welche, sobald nur ihr Bundesgenosse, die Zeit, zu ihr gestoßen sein wird, des Sieges vollkommen gewiß ist, mithin, wenn auch nicht heute, so doch morgen.

Mein Zeitalter und ich passen nicht füreinander: So viel ist klar. Aber wer von uns wird den Prozeß vor dem Richterstuhl der Nachwelt gewinnen?

Zigarren

Die Zigarre ist dem beschränkten Mensch ein willkommenes Surrogat der Gedanken.

Zoobesucher

Sie können nicht leicht ein fremdes, seltenes Tier bloß betrachten, sondern müssen es reizen, necken, mit ihm spielen, um nur Aktion und Reaktion zu empfinden.

Anmerkungen

1 Eine von mir besorgte Ausgabe ist bei Insel, Frankfurt a. M. 1995, erschienen.

2 A. Schopenhauer, *Die Kunst, Recht zu behalten*, a. a. O., S. 71–72. Vgl. auch Ders., *Parerga und Paralipomena*, in *Werke in fünf Bänden*, hg. von Ludger Lütkehaus, Haffmans, Zürich 1988, Bd. IV, S. 370–71.

3 Ebda.

4 A. Schopenhauer, *Parerga und Paralipomena*, a. a. O., Bd. IV, S. 49.

5 Ebda.

6 Vgl. ebda. S. 373–75; vgl. auch *Skizze einer Abhandlung über die Ehre*, in A. Schopenhauer, *Der handschriftliche Nachlaß*, hg. von Arthur Hübscher, 5 Bde., Kramer, Frankfurt a. M. 1966–1975, Bd. III, S. 488–90.

7 A. Schopenhauer, *Parerga und Paralipomena*, a. a. O., Bd. IV, S. 368.

8 Ebda., S. 371.

9 A. Schopenhauer, *Skizze einer Abhandlung über die Ehre*, a. a. O., S. 485.

10 Vgl. A. Schopenhauer, *Die Kunst, Recht zu behalten*, a. a. O., S. 12–13.

11 A. Schopenhauer, *Parerga und Paralipomena*, a. a. O., Bd. I, S. 361.

12 Ebda., S. 379.

13 Ebda., S. 370; auch *Skizze einer Abhandlung über die Ehre*, a. a. O., S. 484–85.

14 Ebda., S. 485.

15 Nicht uninteressant ist die graphologisch angelegte Charakterbeschreibung durch Ludwig Klages, *Schopenhauer in seiner Handschrift*, in „Zeitschrift für Menschenkunde“, 5, 1926, S. 1–16, heute in *Sämtliche Werke*, Bd. VIII, Bouvier, Bonn 1971, S. 609–26.

16 L. Lütkehaus (Hg.), *Die Schopenhauers. Der Familien-Briefwechsel von Adele, Arthur, Heinrich Floris und Johanna Schopenhauer*, Haffmans, Zürich 1991, S. 187.

17 Ebda., S. 216.

18 Ebda., S. 220–21.

19 Die meisten sind gesammelt in A. Schopenhauer, *Gespräche*, hg. von Arthur Hübscher, Frommann-Holzboog, Stuttgart-Bad Cannstatt 1971; und A. Hübscher, *Schopenhauer und die Kunst des Schimpfens*, in „Schopenhauer-Jahrbuch“, 62, 1981, S. 179–89.

20 Vgl. *Der handschriftliche Nachlaß*, a. a. O., Bd. I, S. 4.

21 Ebda., Bd. III, S. 477.

22 Das Befinden der Dänischen Akademie ist wiedergegeben in A. Schopenhauer, *Werke in fünf Bänden*, a. a. O., Bd. III, S. 632.

23 Ebda., S. 333.

24 Ebda., S. 355.

25 Vgl. A. Schopenhauer, *Gesammelte Briefe*, hg. von Arthur Hübscher, Bouvier, Bonn 1978, S. 480.

Aus dem Verlagsprogramm

Arthur Schopenhauer in der Beck'schen Reihe

Die Kunst, glücklich zu sein

Dargestellt in fünfzig Lebensregeln

Herausgegeben von
Franco Volpi

2. Auflage. 2002. 105 Seiten. Paperback
Beck'sche Reihe Band 1369

Arthur Schopenhauers Handbüchlein *Die Kunst, glücklich zu sein,* ein echtes Kleinod, ist bislang in seinem Nachlaß verborgen und unbeachtet geblieben. Die fünfzig Lebensregeln, aus denen es besteht, finden sich in den Bänden und Konvoluten des Nachlasses zerstreut. Franco Volpi hat die Lebensregeln nun zum ersten Mal nach Schopenhauers eigenem Plan rekonstruiert und herausgegeben. Schopenhauers „Anleitung zum Glücklichsein" liegt damit erstmals als zusammenhängendes Werk vor.

Die Kunst, mit Frauen umzugehen

Herausgegeben von
Franco Volpi

2003. 110 Seiten. Paperback
Beck'sche Reihe Band 1545

Unaufhörlich erhebt Schopenhauer seine Stimme, um das männliche Geschlecht vor lockenden Fallen, verhängnisvollen Fährnissen und nervtötenden Verwicklungen zu warnen, die unweigerlich entstehen, wenn ein Mann auf Frauen trifft. Seine Überlegungen ergeben einen Leitfaden, wie man als Mann mit dem schönen Geschlecht füglich umgehen solle. Für Schopenhauer selbst haben diese Überlegungen in erster Linie den Zweck, der weiblichen Launenhaftigkeit wirksam Paroli zu bieten. Für uns heutige Leserinnen und Leser hingegen sind sie eine vergnügliche Lektüre.

Rolf Wilhelm Brednich
Moderne Sagen in der Beck'schen Reihe

Pinguine in Rückenlage
Brandneue sagenhafte Geschichten von heute
2004. 158 Seiten. Paperback. Band 1567

Die Ratte am Strohhalm
Allerneuste sagenhafte Geschichten von heute
1996. 181 Seiten. Paperback. Band 1156

Das Huhn mit dem Gipsbein
Neueste sagenhafte Geschichten von heute
2000. 189 Seiten. Paperback. Band 1001

Die Maus im Jumbo-Jet
Neue sagenhafte Geschichten von heute
2004. 147 Seiten mit 10 Illustrationen von Jan von Huge.
Paperback. Band 435

Die Spinne in der Yucca-Palme
Sagenhafte Geschichten von heute
2002. 157 Seiten. Paperback. Band 403